LOURDES GANZELI



# VOCÊ
## SEU MEDO
## SEU INSTINTO

Como Neutralizar Seus Medos
e Se Tornar uma Pessoa de Ação

LOURDES GANZELI

**Pesquisadora**
Lourdes Ganzeli
**Projeto Gráfico e Diagramação**
Jorge Murilho
**Revisão**
Maria Celina da Piedade Ribeiro
**Capa**
Jorge Murilho
**Impressão**
Clube de Autores



**Dados Internacionais de Catalogação na Publicação (CIP)**
**(Câmara Brasileira do Livro, SP, Brasil)**

Ganzeli, Maria de Lourdes
Você seu medo e seu instinto : como neutralizar seus medos e se tornar uma pessoa de ação / Maria de Lourdes Ganzeli. -- Sorocaba, SP : Ed. da Autora, 2022.

ISBN 978-65-00-38298-3

1. Autoajuda 2. Ansiedade 3. Depressão 4. Inteligência emocional 5. Medos - Aspectos psicológicos 6. Superação I. Título.

22-99057 CDD-152.46

**Índices para catálogo sistemático:**

1. Medos : Emoções : Psicologia 152.46

Aline Graziele Benitez - Bibliotecária - CRB-1/3129

## AGRADECIMENTOS

Agradeço à Deus pela vida, à Vida pela oportunidade de aprender, entender e superar meus medos.

Agradeço a meus pais por terem me trazido ao mundo e me dado o suporte que tinham condições de dar durante suas vidas. Gratidão meus pais, vocês deram o suficiente para mim e o melhor que tinham condições de me dar.

Agradeço a meus irmãos que mantém nossos laços fortes e harmônicos mesmo depois da partida dos nossos pais, fortalecendo o amor, o respeito e a fraternidade na nossa família e especialmente a minha irmã Raquel, que do seu modo sempre fez o melhor que pode para me ajudar.

Agradeço a todos os meus amigos que, cada um do seu jeito, me ensinaram muito sobre a vida e em especial à Marcia Rosângela Bertin que tem sido mais do que amiga, uma irmã de coração que me agregou à sua família a quem tanto amo.

Agradeço à minha Alma que não me permitiu desistir do meu propósito e apesar de tantas lutas, trabalho, fracassos, perseverança e superações me incentiva sempre a me manter no caminho da missão.

Agradeço a cada experiência, a cada medo, a cada aprendizado, porque me motivaram a buscar cada vez mais conhecimento e força para desenvolver mecanismos de superação e crescimento.

Agradeço a minha equipe espiritual que me anima, inspira, sustenta e cuida em cada momento da minha vida.

Agradeço a você que está lendo este livro porque se dispôs a superar não só seus medos, mas a ansiedade, a procrastinação, a zona de conforto, e tornar-se uma pessoa muito mais produtiva, saudável e efetiva em suas escolhas e com isso muito mais próspera e feliz.

# Sumário

## INTRODUÇÃO

Inacreditável a diferença que faz o conhecimento na vida do ser humano. Tanto para o bem quanto para o mal.

Você pode se perguntar: Como assim?

Que mal o conhecimento pode nos fazer?

Conhecimento quer dizer aprender algo por meio da experiência ou do raciocínio.

Os aprendizados que tivemos com as experiências no ventre materno e depois durante toda a primeira infância, foram adquiridos por meio de experiências, uma vez que ainda não havíamos desenvolvido a capacidade de raciocínio.

Durante o período que vivemos no ventre da mãe absorvemos conhecimento por meio de sensações, que registram certos padrões que nos fazem tomar certas atitudes como formas de nos protegermos.

Mesmo antes de ter qualquer tipo de raciocínio o ser humano já tem instintos de preservar a vida, ter prazer e fugir da dor e do sofrimento.

Mesmo depois do nascimento, esse processo continua e aos poucos enquanto o cérebro se desenvolve, continua aprendendo por meio de experiências que trazem sensações, emoções e sentimentos.

Essas sensações e sentimentos vão construindo crenças, comportamentos e medos que à medida que se repetem vão se fortalecendo de tal forma que se transformam num mapa comportamental, uma espécie de GPS que em português significa Sistema de Posicionamento Global.

Mas, isso não quer dizer que o caminho está correto ou que esse GPS nos levará ao lugar desejado, assim como existem interferências, queda de conexão e falhas na tecnologia também acontece quando os registros que comandam pensamentos foram fixados da forma incorreta. Ou seja, o conhecimento incorreto leva ao aprendizado incorreto, que por sua vez leva ao comportamento e a crenças incorretas.

Erros são distorções da realidade que podem levar a situações e comportamentos prejudiciais.

Para ficar mais fácil de entender, vou usar um exemplo.

Imagine que uma mulher tenha um bebê de um ano, nessa idade a criança ainda não tem consciência que é um indivíduo, para ela a mãe é uma extensão de si mesma. A mãe serve para cuidar dela, alimentá-la e suprir todas as suas necessidades.

O bebê está com fome, e a mãe está ocupada com um bebê recém-nascido, ou está atendendo o seu marido que está doente, ou por qualquer outro motivo, não pode atendê-la naquele momento.

Esse bebê que ainda não raciocina, não pensa, não analisa, só sente, tem a sensação de que a mãe o abandonou, não está ali para cuidar dele quando ele está precisando.

Ele tem a sensação de ter sido abandonado. Sua mãe não atendeu sua necessidade, não se importou com ele.

Na realidade a mãe estava ocupada, ela não o abandonou, ela precisou fazer alguma coisa antes de atender a necessidade do bebê. Mas, ele registrou o sentimento de abandono.

Se essa situação se repete algumas vezes, aquela sensação pode registrar o medo de abandono, e, como tudo o que alimentamos cresce e se fortalece, cada vez que ele não tiver sua necessidade atendida no momento que precisar, vai fortalecer a ideia de abandono.

Ele cresce com o medo de ser abandonado nos relacionamentos, e não conseguir suprir suas necessidades porque quando registrou esse medo ele não tinha condições de suprir as próprias necessidades, era completamente dependente da sua mãe.

Assim vão surgindo os medos e cristalizando padrões de comportamento que tanto podem acontecer na vida intrauterina, na primeira infância ou durante toda a vida, porque muitos são os tipos de medos e suas origens.

Foi a necessidade de me livrar de uma série de medos que atrapalhavam a minha vida, me deixavam sempre estressada e ansiosa e me impediam de ter serenidade que me fez buscar conhecimento para aprender tudo o que eu pudesse aprender sobre eles e como lidar com cada um.

Sempre considerei o medo como um dos nossos maiores inimigos.

Ele bloqueia a ação, faz a gente desistir de sonhos, procrastinar, rebaixa a autoestima, nos incapacita diante das situações em que alimentamos esse sentimento, sem contar com os diversos problemas de saúde que pode nos causar.

**"A suprema arte da guerra é derrotar o inimigo sem lutar"**

**do livro A Arte da Guerra de Sun Tzu**

À medida que estudava sobre o assunto fui percebendo que grande parte dos medos podem ser superados, totalmente neutralizados, ou podem ser controlados a ponto de não mais desestabilizarem a mente e a capacidade de ação.

Fui juntando dados, conhecimento, adaptando técnicas e desenvolvendo uma metodologia que me permitiu alcançar um excelente resultado e passei a ensiná-lo em treinamentos cujos participantes obtiveram os mesmos resultados o que me motivou a escrever este livro.

## CONHECIMENTO É FUNDAMENTAL

Conhecer bem o inimigo é a única maneira de criar estratégias para poder vencê-lo sem grandes batalhas e nem muito desgaste.

Sem conhecimento não temos argumentos, não conseguimos traçar planos nem construir estratégias, afinal o que não conhecemos não existe para nós, não podemos fazer uso disso a nosso favor.

Quando começamos a entender como o medo age, quais as interferências e consequências de sua ação em nossas vidas, começamos a despertar para novos conhecimentos e, portanto, para novas possibilidades.

> **'A mente que se abre a uma nova ideia jamais voltará ao seu tamanho original'.**
>
> Albert Einstein

Esse pensamento e essa percepção extraordinária só podia vir de um ser com uma superinteligência e que deixou um legado impressionante.

Quando nos damos conta do quanto isso é real percebemos que aquilo que não conhecemos realmente não existe para nós.

Por causa dessa falta de conhecimento pagamos alto preço em matéria de saúde física, mental, emocional e até espiritual, sem contar nos prejuízos materiais, financeiros e profissionais que também acontecem por ignorarmos certos assuntos, fatos ou conhecimentos.

Quando aprendemos certos conteúdos, técnicas ou métodos e os colocamos em prática, nunca mais deixaremos de saber sobre eles, portanto aumentado o conhecimento, jamais seremos ignorantes naquilo que foi aprendido.

E foi justamente pensando dessa maneira que comecei minha pesquisa sobre os medos, suas causas, consequências e resultados.

# CAPÍTULO 1

## UM POUCO DA MINHA HISTÓRIA

## UM POUCO DA MINHA HISTÓRIA

Eu fui uma das pessoas mais medrosas que já conheci, não tinha tantos medos, mas, os que eu tinha eram muito poderosos e mais do que suficientes para tirar meu sossego, me estressar e atrapalhar a minha vida.

No início da década de 1980 eu montei um atelier de cerâmica e comecei a dar aulas de pintura esmaltada nas peças que comprava já com a primeira queima, chamadas de "biscoito" ou "terracota".

Havia trabalhado por anos para conseguir comprar o primeiro forno e o material necessário para montar meu negócio.

Eu amava o que fazia, tinha bons resultados, o número de alunas aumentava a cada dia. Eu estava muito feliz.

Tudo ia muito bem, montei uma pequena loja onde vendia peças de decoração e as pessoas se assustavam com a minha autoconfiança ao negociar com fornecedores.

Comprava sem medo na certeza que ia pagar pelas mercadorias sem nem sequer pensar na hipótese de que pudessem surgir problemas e se surgissem, eu daria conta de resolvê-los, foi um período de muito trabalho e aprendizado, mas, muito próspero e feliz.

Eu fazia muitos cursos, trazia sempre muitas novidades para as alunas, criava acabamentos muito interessantes, enfim, tudo foi crescendo tanto que já não cabia no espaço em que eu estava.

Em 1985 aluguei um sobrado de 3 andares, adaptei para o atelier, comprei mais equipamento, contratei funcionários e comecei a produzir minhas peças do zero.

Organizar tudo, treinar a mão de obra, ensinar cada etapa de cada processo era bastante trabalhoso e demorado, mas, a motivação era meu guia e a autoconfiança minha companheira.

Assim o negócio foi crescendo cada vez mais, os cursos continuavam, as experiências também, a criatividade surgia espontânea, e a linha de produção se diversificava.

Contratei representantes para a venda dos produtos para vários Estados brasileiros e parecia que o futuro estava garantido.

Eu trabalhava cerca de 16 horas por dia de segunda a segunda de agosto a dezembro, mesmo de janeiro a agosto, quando descansava nos finais de semana, nunca trabalhava menos do que 12 horas diárias.

Amava meu trabalho, meus funcionários e a vida que levava.

Até que a inflação foi tornando-se avassaladora, os prazos para o pagamento das matérias-primas estavam cada mais curtos e para conseguir as vendas, os prazos de cobrança continuavam longos.

A inadimplência de muitos clientes começou a atrapalhar demais os negócios, as vendas caíram pois os artigos eram para presentes e decorações, ou seja, nada de primeira necessidade.

Junta-se a isso o fato de que a cada 3 meses havia um reajuste de aluguel, por causa da inflação e aí então a autoconfiança foi dando lugar ao medo de não dar conta.

Aquela empresa era como uma família para mim, meus funcionários eram como filhos, ter que despedi-los era uma dor que não cabia no meu coração.

O medo começou a me cercar, era o medo de não conseguir pagar o aluguel, os impostos, os fornecedores, os funcionários...

Todos ganhavam o piso salarial, mais bônus de produtividade, mais bônus pelas horas extras, sem contar o torneiro que era diarista e cuja diária era muito alta.

Eu já os havia acostumado a almoçarem no atelier sem jamais cobrar um centavo pelas refeições.

Eu havia designado uma funcionária que adorava cozinhar a preparar almoço para todos, na época 23, sendo que só um 5 ou 6 preferiam ir almoçar em suas casas, todos os outros comiam no atelier.

Fora isso, todos os que ficavam para fazer hora extra a noite, tinham um lanche reforçado e os que moravam mais longe, eu ou o motorista levava para casa.

Todas essas despesas que jamais eram cobradas dos funcionários pesavam ainda mais no meu orçamento e eu não tinha coragem de cortá-las, pois a grande maioria era de gente muito pobre.

Eu justamente comecei a servir o almoço quando reparei nas marmitas de alguns deles que tinha só arroz com ovo, ou arroz com feijão e alguma mistura muito simples. Isso cortava meu coração e eu sempre acreditei que dinheiro existe para beneficiar a quem o tem e ser compartilhado com quem merece.

O medo de não conseguir vender, de não receber, de ter que demitir aqueles funcionários, que em sua totalidade eram rapazes em idade de servir exército e por isso não conseguiriam emprego facilmente ou meninas que tinham sido empregadas domésticas e que finalmente tinham aprendido uma profissão, apertava meu coração e machucava minha alma.

Admitir que eu não estava dando conta, que minha fé desabava.... Me estressava e tirava o sono.

Fui perdendo o controle emocional, a autoconfiança definhou, a ansiedade tomou conta e o medo se instalou de vez.

Aí a vida tomou novo rumo, como o aluguel era reajustado a cada trimestre eu só conseguia dormir um mês em cada três, isso porque um mês antes do reajuste eu já ficava ansiosa e com medo de não conseguir fazer um acordo no valor do aluguel, eu não tinha a menor condição de pagar o referente à inflação.

Mas, como Deus é Pai e eu era uma boa inquilina era muito melhor fazer um acordo em vez de pedir o imóvel e correr o risco de não conseguir alugá-lo, (porque o valor era alto e a crise estava assolando a todos), ou de pegar um novo inquilino que atrasasse o pagamento, por causa disso, eu sempre conseguia fazer um negócio que acreditava ser razoável.

Acontece que, feito o acordo, eu passava mais um mês sem dormir, porque não sabia se conseguiria cumpri-lo.

A inflação era assustadora e os negócios iam de mal a pior.

Agora o medo, a angústia e a ansiedade eram meus senhores. Me deixei dominar pelo medo e minha vida se transformou numa angústia que oscilava entre a motivação para continuar e o desespero de não conseguir.

Sem contar que, com tudo isso, a situação da empresa piorou muito e precisei começar a demitir alguns funcionários; isso para mim era uma dor profunda, me fazia muito mal, derrubava ainda mais a minha autoconfiança e aumentava a dor emocional que eu sentia, a fé e a esperança fugiram da minha vista.

A ansiedade é filha do medo e juntas roubaram a minha paz de espírito e a alegria de viver, o que me fazia seguir adiante é que eu tinha um propósito: reerguer a empresa e recontratar meus funcionários.

Trabalhava 18 horas por dia e me reinventava buscando alternativas para não fechar as portas até que, o então eleito presidente Collor, abriu as importações e a China invadiu o mercado brasileiro com suas porcelanas.

Foi uma devastação para a cerâmica nacional, ninguém tinha condições de competir com os preços praticados por um país comunista onde a mão de obra tem um valor irrisório.

Os meus funcionários, como comentei, tinham piso salarial fixado por sindicato, eram todos registrados, recebiam prêmio por produção etc.... uma despesa enorme.

Mesmo assim, aguentei até 1993 quando, então, me dei conta que não tinha mais condições de lutar naquelas circunstâncias e fechei a empresa com um enorme pesar, uma imensa frustração e o medo e a ansiedade instalados e cristalizados no meu sistema límbico.

Nó próximo capítulo você vai perceber como os medos atuam no sistema límbico, é um passo a mais para a compreensão.

# CAPÍTULO 2
## O SISTEMA LÍMBICO E O MEDO

## O SISTEMA LÍMBICO E O MEDO

Para quem não conhece a terminologia, o sistema límbico conectado ao subconsciente é a parte do sistema "cérebro - mente" onde moram nossas crenças, medos, ansiedade, memórias, princípios, etc.

Portanto, o sistema límbico é um conjunto de sistemas neurais próprios que agem num trabalho de rede que conectam com comportamentos, memórias, medos e emoções.

Reforçando, o sistema límbico é a parte física que faz parte do cérebro, já o subconsciente, é a parte de mente, ou seja, é a parte incorpórea.

O sistema límbico, associado ao cérebro mamífero, rege os medos sociais enquanto que o cérebro reptiliano rege os medos naturais, veremos mais adiante.

## A VIDA ATÉ ENTÃO

Até esse período da minha vida meus medos giravam em torno da rejeição, do abandono, da crítica e do julgamento, assuntos que surgirão mais adiante no livro, mas, dessa época em diante os medos e a ansiedade passaram a dominar meu comportamento.

Me deixei levar pela mídia, pelo inconsciente coletivo, pelas crenças generalizadas da derrocada da indústria nacional, pelo medo dominante na época.

O medo submeteu minha crença no poder de superação e resiliência.

Vendi meu apartamento, fechei a empresa, reformei o imóvel onde estava o atelier para entregá-lo com as características de quando aluguei, saí da cidade, comprei uma chácara num município vizinho com um novo propósito e uma nova intenção.

O objetivo agora era construir um espaço alternativo para cursos, vivências e atendimentos, além de um atelier de cerâmica com a intenção de manter os cursos.

Como a chácara ficava a meia hora de distância do endereço anterior e minhas alunas concordaram em aguardar e seguir comigo no próximo endereço, o foco era construir o espaço o mais rápido possível e retornar à ativa.

Mas, agora eu já não era mais a mesma, tinha deixado me levar pelos medos, a insegurança, a ansiedade, meu cérebro que antigamente tinha registros de autoconfiança, fé e esperança tinha ressignificado esses "caminhos neurais" que veremos mais adiante, trazendo como resultado novos padrões de pensamentos, emoções e sentimentos, desta vez, porém, baseados nas experiências baseadas nos medos e fracassos ocorridos.

## A NOVA EXPECTATIVA

Eu sempre fui apaixonada pela natureza e já conhecia as essências florais e vibracionais, me aprofundei no assunto e me encantei com novas possibilidades na área de terapias holísticas.

Enquanto construía meu novo espaço me dediquei a novos cursos nessa nova área.

Aconteceu, porém, que, nesse meio tempo eu estava sem trabalho, e minha preocupação era que o dinheiro que eu havia guardado da venda do apartamento, acabasse antes que a obra ficasse pronta.

Pesquisava preços o tempo todo e fui comprando tudo que precisasse usar na obra, desde a parte estrutural até o acabamento, já tinha tudo, até torneiras, interruptores, luminárias, etc....

Mas, eis que o empreiteiro que contratei foi me manipulando de tal modo e eu na minha ingenuidade e com pressa de terminar a obra, acabei por adiantar muito dinheiro e quando ele já havia recebido praticamente todo o valor, simplesmente abandonou o trabalho.

Não houve jeito de cobrar dele o serviço, havia gasto o dinheiro e se esquivava, eu não conseguia encontrá-lo, o prejuízo foi grande, a desilusão enorme porque era pessoa conhecida há certo tempo, mas, ainda tinha esperança de conseguir seguir adiante e terminar a obra.

Contratado novo empreiteiro, o engenheiro calculista errava os cálculos, pois o material que ele calculava nunca era o suficiente, acabava o ferro, a areia, o cimento e então, na medida que o material acabava e o dinheiro diminuía, crescia a ansiedade e o medo dentro de mim.

O cérebro havia usado os caminhos neurais que antes haviam sido construídos com fé e autoconfiança por medo e ansiedade.

Comecei a entrar em pânico e só pensava que se continuasse desse jeito o dinheiro ia acabar antes da obra.

Meu pensamento foi ficando cada dia mais direcionado pelo medo, a insegurança tomou conta e ... aconteceu!

Exatamente aquilo que eu mais temia foi exatamente o que aconteceu.

Naquela época eu não havia estudado física quântica, me interessava muito pelo mundo das emoções, sentimentos e campos de energia, mas não sabia como isso funcionava, estava ainda estudando, não sabia como lidar com aquilo tudo.

## O GRANDE APRENDIZADO

Hoje eu sei que onde está sua mente, está seu coração e aí está sua energia. Todo pensamento atrela uma emoção ou sentimento e vice-versa.

É fácil perceber que quando pensamos em algo, sentimos alguma coisa de acordo com o pensamento, então se penso em alguma coisa que eu amo, sinto alegria, prazer e amor, se penso em algo que não gosto, sinto algo ruim, se penso em algo triste, sinto tristeza, se penso em algo que me irrita, sinto raiva, e assim por diante.

Acontece que esse conjunto pensamento - emoção cria um campo de força, e nesse campo o pensamento conduz a energia e a emoção ou sentimento atrai energia compatível com ela.

Esse campo viaja pelo Universo em forma de uma corrente eletromagnética, onde o pensamento é elétrico e a emoção ou sentimento é magnético.

Essa corrente eletromagnética tem uma frequência de ondas, semelhantes a ondas de rádio ou TV, dependendo da frequência emitida, conectamos com outras ondas com a mesma frequência e quando elas cumprem sua trajetória ou estão maduras, retornam para nós trazendo as condições ou circunstâncias que estejam na mesma sintonia.

Dessa forma, atraímos o que mais emitimos, no meu caso eu emitia frequências de ondas de medo do dinheiro acabar antes da obra e eu sentia esse medo com tanta constância que atraí as condições necessárias para aquilo acontecer.

Nós somos cocriadores da nossa realidade, mesmo que não tenhamos a mínima consciência disso.

Eu estava "vendo" que o dinheiro ia acabar, eu criava uma enorme expectativa do desastre, da perda, do prejuízo e foi exatamente isso que aconteceu.

O Universo sempre nos dá mais do mesmo!

Uma passagem bíblica diz que

**«Aos que têm, mais lhes será dado, aos que pouco têm, o pouco lhes será tirado"**

Matheus 25:29

Demorei muito para entender e aceitar que é exatamente isso que acontece, eu achava esse versículo muito injusto, o pobre fica mais pobre e o rico mais rico, a pessoa saudável tem cada vez a mais saúde e o doente fica a cada dia pior.

E, para falar a verdade, é fácil de entendermos, tudo o que alimentamos cresce e se fortalece, tudo que deixamos de alimentar enfraquece e desfalece.

Enquanto eu alimentava a fé que ia dar conta de tudo com pensamentos positivos e de superação, meu negócio só crescia, apesar dos reveses e prejuízos que aconteciam eventualmente eu não me abalava porque o meu foco era no crescimento e na prosperidade.

Eu não dava bola para a opinião dos outros, não lia jornais, não escutava "conselhos" e não aceitava palpites... pode parecer até um pouco de arrogância e prepotência, mas, na verdade, eu acreditava que sabia o que estava fazendo e tinha fé nos resultados positivos.

Quando aconteceram as crises nacionais, a mídia só falava de crise, as pessoas só falavam da crise, e, para me manter "informada" eu passei a ler os jornais e revistas mais direcionadas para empreendedores, comerciantes, etc.... e o pior, acreditei neles.

Se pensarmos que a crença pode ser muito mais forte do que a fé, nós deixamos de alimentar a fé e ela definha e desaparece e passamos a alimentar a crença, geralmente limitante e catastrófica, e ela cresce a ponto de nos dominar.

A seguir a história nos mostra como com consciência e atenção podemos evitar grande parte dos nossos problemas, simplesmente mantendo o foco naquilo que for positivo.

Entenda como isso acontece...

# CAPÍTULO 3

## A VIDA SEMPRE DÁ MAIS DO MESMO

## A VIDA SEMPRE DÁ MAIS DO MESMO

Os problemas, situações, desafios e até mesmo os medos, se repetirão até que a gente aprenda sobre eles e com conhecimento e perseverança trabalhemos no sentido de superar cada um deles.

Eles existem para nos fazer crescer e evoluir, enquanto não aprendemos e não superamos a vida nos dá outras oportunidades até que possamos superar cada um deles e avançarmos para o próximo nível.

Foi exatamente isso que aconteceu comigo e com a minha empresa, porque se eu continuasse a manter a fé em mim mesma, na vida e na intervenção divina eu teria criado novas linhas de produtos muito mais adequados ao período em que estávamos vivendo, teria sido mais criativa e agido de forma proativa.

Teria atravessado a crise e sobrevivido.

Se tivesse alimentado a minha autoconfiança, minha autorresponsabilidade quando estava construindo minha obra eu teria agido de maneira diferente com os empreiteiros e com o engenheiro e poderia ter dado outro rumo para a situação.

## MEDO, ANSIEDADE E VITIMISMO

Na época, o medo me dominava, a autoestima estava derrubada, e eu me sentia vítima da situação, do empreiteiro, do engenheiro... e à medida que culpava os outros a vitimização crescia mais ainda.

Eu me sentia a cada dia mais amedrontada, ansiosa, incapaz de tomar as rédeas da situação e não tinha a menor ideia do que fazer, estava desesperada.

O projeto da obra foi realizado por meu pai, que era arquiteto autodidata, mas, que tinha um tremendo curriculum com obras em todo país, o engenheiro calculista era amigo dele e parte de estrutura metálica era uma pirâmide, cuja construção precisava seguir rigorosamente determinados padrões.

O engenheiro conhecia bem a respeito, mas, acredito que errava nos cálculos, meu pai não queria problemas com o amigo e acabava pondo ''panos quentes'' toda vez que o material acabava e, me indicaram um serralheiro do interior do Estado que já havia construído uma pirâmide por lá e acreditava-se que trabalhava bem.

Contratado esse serralheiro os problemas pioram muito porque ele queria fazer tudo do jeito dele, sem seguir as indicações do projeto.

Os problemas foram se avolumando e quanto mais eu ficava desesperada com tudo o que estava acontecendo, mais problemas eu atraia para mim.

Não gosto nem de lembrar das brigas, perdas e prejuízos que a partir daí aumentaram e pioram muito.

O sonho virou pesadelo e já não dormia mais.

Me desdobrava de todas as formas para minimizar perdas e diminuir os custos, cozinhava para todos, serralheiro, pedreiros, ajudantes... fazia a compra de materiais, cuidava da casa, ficava de olho na obra para que não desperdiçassem materiais.

Vivia sobressaltada, preocupada, ansiosa, insegura, angustiada até que.... Adivinha o quê?

**O DINHEIRO ACABOU ANTES DA OBRA!**

E pensar que eu podia ter evitado isso tudo se tivesse me comportado de maneira diferente.

Se alimentasse a fé, fortalecesse a autoconfiança, assumisse a autorresponsabilidade e tomasse com pulso forte as rédeas da situação.

Se tivesse a coragem suficiente e dominasse o medo em vez de deixá-lo me dominar...

Em vez disso, alimentei o medo, a ansiedade e, os dois juntos derrubaram a pouca autoestima que tinha sobrado, quebraram a autoconfiança e fortaleceram o vitimismo.

Era como se eu estivesse de mãos amarradas, não sabia o que fazer e me angustiava com a situação me sentindo totalmente incompetente diante do que estava acontecendo.

A história se repetia e agora ainda mais poderosa porque o medo da situação anterior já estava cristalizado no subconsciente, gerenciando as emoções e dominando os pensamentos.

## O CÍRCULO VICIOSO

Eu havia entrado num círculo vicioso de ansiedade, medo, impotência, e não me dava conta que mais importante do que o que acontece na vida, não são os acontecimentos em si, mas, a forma como lidamos com eles.

Vou destacar esse pensamento, que faz parte da metodologia da Terapia Cognitivo Comportamental ou TCC que é uma das abordagens da psicoterapia.

A TCC entende que é o modo como a pessoa interpreta as situações e não as situações em si que vão determinar os resultados.

Ou seja, é o modo como encaramos a realidade que faz com que sejamos reativos ou proativos.

Por isso tem gente que se sai muito bem diante de um desafio e tem quem se deixa derrotar por ele.

Capacidades e habilidades todos temos dentro de nós, mas, se não acreditamos que a temos, não podemos fazer uso delas.

Nós simplesmente a ignoramos, nem percebemos a sua existência.

Portanto, é muito importante que tenhamos em mente que:

**Não são os acontecimentos em si, mas, a forma como lidamos com eles que determinam os resultados.**

Lourdes Ganzeli

Se reagimos emocionalmente, a reação vem do subconsciente, das emoções que surgem rápidas e poderosas e, com a mente embotada pelas preocupações, não raciocinamos com clareza e nos deixamos envolver, reagindo espontaneamente à enxurrada de pensamentos negativos e limitantes.

Isso cria uma frequência de onda com energia muito negativa, o que por sua vez, como já dito anteriormente, atrai situações negativas, por sintonia.

Semelhante atrai semelhante porque vibra na mesma frequência de onda.

Isso é tão verdadeiro que num período anterior da minha vida eu tinha um carro excelente, o melhor da época, mas, não era o que eu queria, na realidade eu nem queria um carro tão caro.

Meu marido, que havia comprado o carro para mim, no entanto, não costumava levar em consideração o meu gosto, nem o meu desejo, fazia sempre aquilo que a seus olhos era mais visível a seu status junto aos amigos.

Acontece que, apesar de o carro ser um dos mais caros da época, tinha um aparelho de som ruim, saia sempre de sintonia e isso me incomodava muito.

Eu reclamava sobre o assunto e queria trocar o aparelho, mas, meu marido não dava a mínima para o que eu queria e eu, sem saber o que sei hoje, reclamava do rádio…

Ou seja, emitia ondas de energia que "falavam para o Universo" em forma de campos de energia, o quanto eu não queria aquele rádio.

Resultado: arrombaram o carro, tentaram fazer uma ligação direta, como havia um sistema antifurto não conseguiram fazê-lo funcionar, mas, roubaram o rádio.

Tudo o que emanamos, ou seja, tudo o que pensamos, atrai um sentimento ou emoção, e juntos formam, como já mencionei um campo de energia, que nada mais é do que uma força que atrai para nós situações que vibrem na mesma frequência que estamos emitindo.

Nessa época eu me sentia muito lesada pela vida conjugal que eu tinha.

Vivia infeliz, insatisfeita, sempre me sentindo vítima nesse relacionamento.

**Conclusão:** fui abordada e roubada por "trombadões" (ladrões que chegam intimidando e atacando para levar o querem) três vezes, minha casa foi arrombada e roubada por outras duas vezes, sofri uma ameaça de assalto por outras duas e além desse carro arrombado, tive um outro que foi levado pelos bandidos.

Dá para se ter uma ideia muito clara que tudo o que emanamos, volta para nós de alguma forma, pois somos cocriadores da nossa realidade, nós emanamos campos de energia por meio de pensamentos, sentimentos e emoções e o Universo arranja uma forma de concretizar situações compatíveis com essa energia que nós lhe enviamos.

Era desse modo que eu vivia, sempre frustrada, ansiosa, amedrontada, insatisfeita, até que chegou um momento que eu tinha tanto medo de ser assaltada que acabei sendo um perigo para mim mesma.

Como num dos roubos eu estava parada no trânsito próximo à entrada de uma passagem abaixo de um viaduto, a janela do carro estava só entreaberta, mas o ladrão foi esperto o suficiente para passar por mim e perceber que eu usava uma corrente de ouro (naquela época ainda era possível), passou e voltou sem que eu percebesse enfiou a mão pela fresta agarrou a corrente e tentou arrebentá-la.

Só que a corrente era um tanto grossa e ele não conseguiu arrancá-la num tranco e aí começou o desespero, ele puxando de um lado e eu do outro, porque me sentia enforcar.

Não sei quanto tempo durou essa luta, mas lembro que consegui enfiar minhas mãos por baixo da corrente para que ela não me esganasse, eu olhava à minha volta na esperança de que alguém percebesse e me prestasse algum socorro. Meu carro estava ao lado de um carro de polícia, mas ninguém percebia nada.

Foi um desespero muito grande, não sei quanto tempo durou essa batalha até que o fecho abriu ou arrebentou e o ladrão fugiu no sentido contrário do trânsito.

Eu lembro que mal conseguia dirigir de tanto tremer, não tinha nenhum lugar para parar, o trânsito muito pesado, enfim dirigi sem rumo até conseguir um lugar que pudesse estacionar e descansar até parar de tremer.

A garganta doía, as pernas tremiam muito, a respiração estava ainda ofegante, uma sensação de angústia muito grande, uma vontade louca de chorar desesperadamente, não sabia o que fazer nem para onde ir, não conseguir raciocinar com clareza.

Quando me dei conta que o perigo já tinha passado, eu estava já muito longe de onde o fato tinha acontecido, comecei a relaxar e a respirar com mais calma, comecei a chorar para extravasar o estresse e fui me acalmando.

Mas, como eu já estava há um tempo sofrendo por outros roubos e assaltos, dessa vez foi a gota d'água, a partir daí eu não conseguia mais parar nos faróis e nem pensava em dirigir em lugar que o trânsito estivesse muito pesado.

Entrava em pânico só de pensar, nunca mais fiquei na fileira da esquerda quando percebia que o farol ia mudar do verde para o amarelo, já ia para a fila do meio e quase esbarrava no carro à minha esquerda para que ninguém pudesse chegar próximo da minha janela.

O medo era tanto que, quando estava dirigindo a noite e percebia que não ia conseguir atravessar o farol, que teria que parar, eu parava muito antes dos outros carros, ou seja, os carros ficavam próximos ao farol e eu sozinha no meio da avenida, totalmente isolada com medo de que alguém pudesse me assaltar se eu estivesse num local de onde não pudesse me esquivar.

Estava totalmente dominada pelo medo a ponto de me tornar um perigo para mim mesma. Imagine, ficava sozinha, no escuro bem longe dos outros carros por medo de ser assaltada, mas, e se viesse um carro com motorista distraído poderia bater com tudo na traseira do meu carro, podia provocar um acidente, principalmente em vias expressas.

Realmente quando nos deixamos dominar pelos medos, são muitos os erros que podemos cometer.

A minha vida virou um tormento, e naquela época eu trabalha com representação de vendas e dirigia praticamente o dia todo, andando por boa parte da cidade, sempre estressada, ansiosa, com medo. Não tinha paz e a palavra serenidade fugiu do meu repertório.

Sempre teremos mais do mesmo, portanto conhecimento é fundamental para que tenhamos uma vida mais sábia, próspera, saudável e feliz.

Eu costumava dizer que o medo é o nosso pior inimigo, hoje digo que é o segundo pior, o que ganha em primeiro é a ignorância, a falta de conhecimento que todos nós estamos sujeitos enquanto não temos a oportunidade de aprender sobre o que pode mudar nossas vidas.

Esse é justamente o propósito deste livro, trazer o conhecimento necessário para que possamos controlar e administrar alguns medos e superar completamente tantos outros.

Enquanto não sabia o que sei hoje, me deixava envolver e acabava por alimentar aquilo que me destruía e impedia de realizar meus sonhos: o medo!

Era como dormir com o inimigo, alimentá-lo e mantê-lo sob meu teto, ativo na minha vida, destruindo tudo o que havia conquistado e pior, abalando drasticamente minha autoestima e autoconfiança.

Aprender e realmente entender como nossas emoções, pensamentos, sentimentos e medos atuam em nossas vidas é o modo mais simples e efetivo de transformar a vida, numa vida mais segura, serena e tranquila.

Perceba a diferença que faz conhecer a respeito no próximo capítulo.

# CAPÍTULO 4

## MEDO EMOÇÃO NATURAL OU APRENDIDA?

O medo é uma das emoções mais perniciosas e sabotadoras que existem.

O mais incrível é que a maioria dos medos é uma emoção APRENDIDA, ele não é instintivo, como pensávamos até certo tempo. Medo instintivo é o da preservação da vida. Todos os outros são aprendidos.

Um dado interessante sobre os medos é o de que uma antropóloga, fazendo estudo da cultura indígena no Brasil, percebeu que no idioma da tribo que estudava, não existiam palavras que caracterizassem o medo e a culpa.

Depois de muito pesquisar, perguntou ao pajé qual seria a expressão que ilustraria essas emoções. Foi então que descobriu o porquê não haverem palavras que definissem essas emoções.

Eles não sabiam, não conheciam essas sensações. Essa tribo simplesmente não conhecia a energia do medo e da culpa.

Eles viviam em meio a natureza, e viviam de forma natural, portanto tudo era muito natural. Desde o convívio com os animais até a educação das crianças, que eram cuidadas por todos da tribo. Tudo funcionava com uma grande harmonia entre eles e a natureza. Então o que havia, era um profundo respeito e por tudo o que é natural.

É sabido que um animal selvagem só ataca se se sentir ameaçado ou se estiver muito faminto, e os índios aprendem desde muito pequenos a observar a natureza e seus sinais, aprendendo a respeitar e conviver com cada um deles.

Isso valia também para a educação das crianças, todos sabem que uma criança é ingênua e irresponsável quando pequena, é natural que cometa erros e quando isso acontece, ninguém briga, grita ou bate. Pelo contrário eles simplesmente não valorizam o erro, pois ele é natural do aprendizado, ensinam a forma correta de agir e pronto!

Tudo é muito natural mesmo!

Outro assunto interessante que nos mostra o quanto o medo é aprendido é que em Ban Kok Sa-Nga, a grande maioria das casas têm uma cobra de estimação que os moradores colocam do lado de fora da porta em caixas de madeira.

O lugar é conhecido como Vila das Cobras, lá os turistas podem assistir espetáculos onde os moradores, instigam as cobras, e se defendem com muita vivacidade de seus ataques.

São muitas espécies de cobras desde as mais venenosas como as cobras-rei até as mais inofensivas, se é que existem cobras inofensivas, digamos aqueles que não têm veneno, mas nem por isso deixam de atacar quando se sentem ameaçadas.

Naquele lugar conviver com as cobras, tratá-las e até mesmo brincar com elas é natural.

Como as crianças crescem nesse meio conviver com as víboras é natural, aprendem desde cedo como lidar com elas, evitando os ataques e sabendo como se defender.

Para ver a reportagem completa com as imagens que são realmente intrigantes, aponte sua câmera para o QR CODE.

**A maioria dos MEDOS são culturais.**

Lourdes Ganzeli

## APRENDER SOBRE O MEDO É FUNDAMENTAL

Esse fato me lembrou de um outro muito interessante...

Numa tribo africana, cujo nome não me lembro, quando alguém comete um erro grave, em vez de ser julgado e castigado, seus familiares e amigos vão ao seu encontro, falam e comentam sobre suas qualidades, lembrando a ele o quanto ele é amado, importante e de boa índole.

Fico sempre muito impressionada com o quanto temos a aprender com esses seres tão distantes da nossa realidade, mas com suas próprias culturas tão ricas em sabedoria.

Poderíamos supor que por viverem mais integrados com a natureza, longe dos grandes centros urbanos fossem mais instintivos e selvagens, que controlassem menos suas emoções e se deixassem levar e dominar por elas.

Muito pelo contrário, com os exemplos aqui expostos, podemos observar que temos muito a aprender com eles.

## POR QUE ISSO ACONTECE?

Como é fantástica a natureza e como os seres se comunicam por seus subconscientes emanando energia de paz, aceitação, respeito ou medo, ansiedade ou qualquer outra emoção.

O interessante é que cada tipo de emoção impulsiona o cérebro a liberar um tipo de hormônio que passa a circular pelo sangue para cumprir sua missão, que pode ser de luta ou fuga, raiva, tristeza, prazer, etc.

Esses hormônios circulando pelo corpo provocam odores que são imperceptíveis às narinas humanas, mas rapidamente detectadas pelo olfato dos animais que distinguem em segundos qual é a energia que o ser humano está emanando e instintivamente preparam-se para o ataque ou a fuga.

A reação será compatível com o odor percebido!

Não é só o odor; os pensamentos e emoções emitem frequências de ondas que independente da consequente descarga hormonal que vai acarretar, descarrega no seu entorno uma energia que envolve quem estiver à sua volta.

Todos os seres vivos são produtores, receptores e emissores de energia.

Mas, nem todos são transformadores de energia, não por não terem essa capacidade, simplesmente por não saberem que a têm e por isso não conseguirem usá-la. Isso é muito fácil de perceber, quando entramos num ambiente onde estavam algumas pessoas conversando, imediatamente percebemos se havia alguma tensão ou desarmonia entre elas.

Não precisamos ouvir uma discussão nem assistir a uma cena.

Simplesmente entrando no ambiente logo percebemos quando o "clima está pesado".

Todos os seres vivos têm um sensor que indica a qualidade do ambiente quando ali entramos. Sempre que houve uma briga ou uma discussão muito séria, minutos antes da nossa chegada, sentimos a tensão no ar, tão logo ali entramos.

É impressionante quanto a energia torna um ambiente tenso ou agradável, de acordo com as pessoas e o evento que ali aconteceu.

**MEDO - UM GRANDE INIMIGO.**

A maioria das pessoas não percebe o quanto o MEDO é presente em
suas vidas e subestimam o efeito que ele causa no dia a dia.

Ele está por trás da maioria das emoções negativas e age sorrateiramente, promovendo a insegurança e a falta de energia necessária para a realização da maioria dos nossos desejos.

**O medo é uma das emoções mais perniciosas e sabotadoras que existem.**

Lourdes Ganzeli

Mais adiante, em outro capítulo veremos que o medo é a raiz da ansiedade, da procrastinação, da baixa autoestima, da falta de autoconfiança, da falta de autorresponsabilidade, da insônia, da angústia e de tantos outros males que nos impedem de termos uma vida saudável, produtiva e realizada.

## O MEDO E A GESTAÇÃO

Boa parte das pessoas não sabem é que muitos dos medos que sentimos não são nossos.

Foram absorvidos de nossas mães ainda durante a gestação e de ambos os pais até mais ou menos os seis ou sete anos de idade.

Eles por sua vez, absorveram dos seus pais e de geração em geração esses medos vão se perpetuando.

O medo pode ter sua origem na ancestralidade mais remota, porque pode ser transmitido pelo DNA como já comprovado cientificamente e que veremos com mais detalhes no próximo capítulo.

**CONHECIMENTO É PODER EM POTENCIAL, QUANDO COLOCADO EM PRÁTICA, TORNA-SE REAL!**

Lourdes Ganzeli

Os avanços da ciência e da tecnologia têm ajudado aos cientistas e pesquisadores a descobrirem coisas que há poucas décadas seriam impossíveis e inacreditáveis.

O mais interessante é que muitas dessas descobertas confirmam certos conceitos e ensinamentos de filosofias antigas, que muitos não acreditam nem levavam a sério por considerarem misticismo.

No próximo capítulo veremos muitas descobertas e o quanto elas nos comprovam origens e transmissões de medos que sentimos e nem são nossos, foram absorvidos de nossos pais e até mesmo de nossos ancestrais.

# CAPÍTULO 5

## CIÊNCIA CONFIRMA

### SEU MEDO PODE NÃO SER SEU
### O MEDO PODE SER TRANSMITIDO DE GERAÇÃO PARA GERAÇÃO

## AS PESQUISAS DEMONSTRAM

Uma pesquisa feita na Universidade Emory em Atlanta, nos Estados Unidos, demonstrou que um fato ou situação que tenha causado algum tipo de trauma pode causar lesões nas estruturas cerebrais além de provocar alterações no DNA.

Foram feitas experiências com ratos que tomavam choque ao sentir o cheiro da flor de cerejeira, assim, associavam o aroma da flor com o choque e passaram a sentir medo toda vez que sentiam o cheiro da flor, mesmo que não acontece a descarga elétrica.

Mesmo duas gerações depois daqueles que foram submetidos a essa experiência, os seus descendentes sentiam o mesmo medo ao sentir o odor da flor de cerejeira.

Brian Dias, coautor de um artigo veiculado na publicação científica Nature Neuroscience diz que "começamos a explorar uma influência pouco valorizada no comportamento de adultos - a experiência ancestral anterior à concepção". Segundo Dias, experiências vividas por nossos pais podem influenciar a estrutura e o funcionamento do nosso sistema nervoso.

Para ler o artigo na íntegra, aponte sua câmera para o QR CODE

## OUTRO ESTUDO

Desta vez realizado por Li-Huei Tsai, professor de Neurociência no Massachsets Institute of Technology (MIT) demonstrou que o esforço feito pelos neurônios para conectar experiências causadas por medos ou perigos exige que o cérebro faça diversos movimentos também perigosos que são surpreendentes e causam preocupações.

Se acontecerem com frequência podem causar fragilidades e com o tempo desencadear doenças além de acelerar o processo de envelhecimento.

Essas conclusões foram tiradas depois de feitas pesquisas onde ratos levavam choques ao entrarem em uma caixa.

Depois de feita a associação de que entrar na caixa sentiram um choque, desenvolveram o medo de entrar na caixa, mesmo sem sentirem o choque.

Em seguida foram usados vários métodos para avaliar os efeitos do medo e as alterações que causavam nas células cerebrais, especialmente no córtex pré-frontal e hipocampo que são as duas principais regiões onde são formadas e armazenadas as memórias de medo.

Para ler a experiência na íntegra, aponte sua câmera para o QR CODE:

## PODEMOS CONCLUIR

Portanto, pode-se concluir que se o medo pode causar uma lesão, mínima que seja, na estrutura cerebral, naturalmente ela pode ser transmitida pelo DNA, desse modo, pode ser uma herança genética.

Outras pesquisas estão sendo realizadas e apontam para os mesmos resultados.

## MEU MEDO DE COBRAS

Passei por esse processo durante anos da minha vida.

Eu tinha um medo absurdo de cobras, apesar de só tê-las visto no Butantã quando fizemos uma visita com a escola e no Zoológico.

Nunca sofri nenhum ataque de cobras nem passei nenhuma experiência assustadora com nenhuma delas.

Apesar disso, meu medo era tão grande que eu não assistia nem trailers de filmes onde apareciam as cobras.

Eu não conseguia olhar para elas nem em filmes...

Entrava em pânico, sentia um frio no estômago e uma sensação horrível que me fazia muito mal.

A respiração ficava ofegante eu sentia o corpo todo tremer, era quase que indescritível aquela sensação. Parecia que ia desmaiar, faltava o ar, a mente entrava em pânico.

Nasci e fui criada na cidade de São Paulo, a maior cidade do país, nunca tinha cruzado com uma cobra no caminho, muito menos tinha sido atacada por uma, de onde, então, vinha esse pavor?

Sou neta de italianos e a grande maioria deles chegou ao Brasil para trabalhar em fazendas, boa parte estabeleceu-se no Estado de São Paulo e outro tanto nos Estados de Santa Catarina e Rio Grande do Sul.

Meus avós paternos e os bisavós maternos, todos italianos instalaram-se no interior do Estado numa época e em lugares que talvez não houvesse recursos, ou que haviam muitas cobras nos sítios e fazendas.

Apesar de meus pais jamais terem contado algum fato de ataque de cobras em seus antepassados, nem terem tido qualquer experiência negativa a esse respeito, mesmo assim, o medo me dominava.

Certamente algum dos meus antepassados foi picado por uma víbora, sofrido muito com o acontecido e isso tenha sido transmitido pelo seu DNA. É a única explicação lógica para tamanho medo.

O pavor era tão grande que me lembro como se fosse hoje, na época, década de 80 eu era casada e tínhamos um sítio em Camanducaia, no sul de Minas, e usávamos um Jeep Willys para irmos ao sítio pois a estrada era de terra.

O sítio era divido por uma estrada de servidão e muitas vezes eu via uma cobra atravessando a estrada, eu congelava, não conseguia passar, parava e esperava que ela terminasse de atravessar porque tinha medo que ela subisse pela abertura do pedal do acelerador para me picar.

Um pensamento absolutamente sem sentido nenhum, eu poderia até matá-la passando com as rodas sobre ela, mas, o medo me paralisava.

Eu era dominada por esse medo.

Interessante que eu costumava fazer longas caminhadas pelo sítio, mesmo andando em meio a um reflorestamento ou pelos pastos e não tinha medo, nem mesmo pensava que pudesse cruzar com uma cobra.

Era a visão da víbora que me fazia perder o controle, entrar em pânico e congelar.

**O medo é um inimigo implacável.**

Lourdes Ganzeli

Ele domina e pode causar grandes danos, e, em casos extremos, levar até a morte.

É por esse motivo que o guarda-vidas quando vê alguém se afogando ele faz o resgate chegando por trás da vítima, porque na hora do pânico a pessoa pode se agarrar ao pescoço do socorrista e dessa forma o impede de nadar e salvá-la provocando a morte dos dois.

## INCONSCIENTE COLETIVO

Também absorvemos alguns medos por meio do inconsciente coletivo, da mídia em geral que costuma divulgar muitas notícias negativas e preocupantes.

Quanto mais uma notícia negativa se espalha, mais ela é comentada e a cada comentário, agrega-se a carga emocional que desperta tanto em quem a está divulgando, quanto em quem a está recebendo.

A insegurança e a ansiedade, distribuídas por meio de noticiários e comentários, vai se fortalecendo e "contaminando" a todos aqueles que entram em contato com elas.

Quanto mais pensamos no assunto mais energia colocamos sobre ele e mais ele se fortalece.

Esse círculo vicioso vai minando nossa energia e aumentando o medo que acaba por nos dominar.

Os medos mais fáceis de serem identificados, no entanto, são aqueles que surgiram em função de um trauma, acidente ou grande susto.

Mas, podem surgir medos por experiências tidas como espirituais, ou obsessão e que não tem uma causa raiz lógica ou com comprovação científica.

No próximo capítulo você vai conhecer um fato que atrapalhou minha vida por longo tempo, mas que não tem nenhuma explicação científica até o momento.

Observe com atenção, tire suas conclusões e depois, se quiser me contar o que achou, ficarei, com certeza, muito interessada na sua opinião.

No último capítulo você encontrará os dados para contato.

# CAPÍTULO 6

## O QUE A CIÊNCIA AINDA NÃO EXPLICA

Eu tive uma experiência que abalou ainda mais a minha autoestima e me trouxe momentos de constrangimento e frustração.

Tudo começou quando eu morava num apartamento no 19º andar. Da janela da sala eu via a Serra da Cantareira, era uma linda vista que me dava muito prazer.

Da janela do meu quarto eu via a avenida onde morava e podia perceber o movimento do trânsito e a entrada da garagem do prédio.

Eu costumava chegar até essa janela na hora aproximada do meu marido chegar em casa, para ver se conseguia perceber seu carro entrando na garagem.

Eu tinha o costume de abrir a janela e me debruçar no parapeito para ficar mais confortável e ter um ângulo de visão maior.

Uma noite ao me debruçar eu senti como que uma pessoa vindo por trás para me empurrar...

Senti realmente como se tivesse alguém ali para me jogar pela janela.

Foi uma sensação horripilante....

Essa sensação cristalizou um medo terrível de me debruçar na janela, eu já não conseguia nem chegar perto e vinha a sensação de que eu seria empurrada.

Eu já havia tomado alguns tombos muito estranhos, tempos antes, tombos sem sentido, é como se eu realmente tivesse sido empurrada, estava caminhando normalmente e de repente senti um empurrão e por mais que tentasse me equilibrar caí na calçada me esborrachando inteira.

As amigas que estavam comigo, não acreditaram como aquilo aconteceu, caminhávamos devagar conversando, uma ao lado da outra, não havia nada em que tropeçar e, no entanto, todas sentiram como se eu tivesse sido empurrada...

Numa outra vez, anterior a essa, eu estava lavando a entrada da minha casa, um terraço que tinha uma pequena escada na sua frente e eu estava parada jogando água quando senti um empurrão e me estatelei no chão.

Graças a Deus e aos meus anjos não rolei escada abaixo, mesmo assim, me machuquei um pouco, nada grave, mas bem dolorido.

Quando tempos depois tive a sensação de que alguém queria me empurrar janela abaixo, cristalizou-se imediatamente o medo de altura, como eu expliquei anteriormente, eu morava no 19º andar.

A partir daí foi um novo estresse na minha vida.

Eu nunca tinha tido medo de altura, de criança eu subia nos batentes das portas como muitas crianças fazem, escalando com a mão e o pé direito num batente e a mão e o pé esquerdo em outro.

Eu subia em árvores, muros altos, nunca cai nem levei um susto com minha mãe ou alguém me dizendo que era perigoso subir em lugares altos, enfim nunca tinha tido nenhuma experiência que pudesse me levar a ter medo de altura.

Depois daquele primeiro episódio onde eu senti realmente a "presença de alguém que ia me empurrar pela janela" veio o medo repentino e cada vez que tentava chegar nessa janela a sensação de alguém me empurrando vinha tão forte que as pernas tremiam, sentia um "embrulho" no estômago e a respiração ficava curta e tensa.

Daí em diante o medo de altura se instalou de tal forma que comecei a evitar tudo que fosse alto.

Era muito constrangedor, uma vez estava em Campos do Jordão com meus pais, já idosos na época e eles quiseram passear no teleférico e eu apavorada não queria ir, eles insistiram e eu pensei: "Caramba, se meus pais que são idosos não têm medo, como é que eu vou me negar a ir?"

Eu fui, mas foi um suplício, não conseguia apreciar a paisagem, a tensão e ansiedade tomaram conta de mim.

Na volta, foi pior ainda, apesar de descer com os olhos fechados, não conseguia parar de tremer e sentir aquele mal estar no estômago e a falta de ar.

Até em escadas rolantes instaladas em áreas muito amplas, eu sentia como se as pernas virassem gelatinas.

Um dia estava em Poços de Caldas com uma amiga e resolvemos fazer um passeio de teleférico e eu só aceitei porque era numa cabine fechada, achei que ia dar conta sem tanto estresse.

Mas, foi a mesma sensação de medo e à medida que o "bondinho" subia o estresse aumentava e entrei em pânico. Quando chegamos lá em cima, tinha uma área de descanso, um estacionamento, um belvedere e pensei, vou procurar um táxi para voltar.

Falei para minha amiga, eu não volto naquele teleférico por nada no mundo, eu não posso, não consigo, mas não havia outro modo de descer, nada de táxi, nem ônibus, ou era o teleférico ou teríamos que andar horas a pé.

Vi um casal se aproximando de um carro e falei para minha amiga para irmos pedir uma carona. Num primeiro momento ela não concordou, mas depois viu meu desespero e resolveu concordar...

Chegamos no casal e pedimos uma carona, explicando a situação, e os dois negaram a carona, acho que pensaram, quem tem coragem para subir, tem coragem para descer... ou então ficaram com medo de assalto, apesar de já sermos um tanto maduras na época, acredito que não tínhamos aparência de quem estava "pregando uma peça", enfim...

Quando eu vi que eles não tinham a intenção de dar a carona, eu implorei, ofereci meus documentos, até minha bolsa se eles quisessem ficar com ela até chegarmos ao local onde eu tinha deixado o carro.

Eu estava tão apavorada que eles acabaram concordando e no fim acabou sendo até hilária a situação, acabamos rindo do fato. Mas, foi um estresse que eu não precisaria ter passado se eu não tivesse tanto medo de altura.Isso se repetia em todas as vezes que o passeio nos levava a ter que subir ou descer de qualquer lugar alto por qualquer meio que fosse.

Numa oportunidade eu estava com um casal de amigos no Parque do Caracol em Canela e eles resolveram que passear no teleférico, que na época era de cadeirinha, eu não queria de jeito nenhum, mas, como eles insistiam muito, eu não quis ser estraga prazeres e concordei.

Como em cada cadeirinha só iam duas pessoas, o casal foi numa e depois eu fui sozinha em outra.

O medo era tão grande que peguei a máquina fotográfica, na época ainda não existiam os smartphones, liguei a câmera fiquei olhando pelo visor, para não ter que olhar a paisagem ao redor, eu sentia de novo aquele frio na boca do estômago, minhas pernas tremiam tanto que eu tinha medo de não conseguir descer da cadeirinha na hora que chegasse no ponto de desembarque.

Eu focava no visor da câmera e rezava, pedia a Deus que me ajudasse a fazer aquele passeio sem "pagar nenhum mico" nem passar um vexame.

Tenho gravada a cena para nunca me esquecer daquele momento de superação, mas, cuja técnica mais divulgada pelos grandes players da motivação, o enfrentamento, é certamente, a mais difícil e dolorosa.

Para assistir o vídeo, use o QR CODE

E assim, toda vez que tinha que fazer um passeio que envolvesse qualquer lugar alto, o estresse e a ansiedade chegavam rapidinho trazendo o medo a tiracolo e a necessidade de enfrentamento era um grande desafio.

Resultado, aquele medo atrapalhou a minha vida por anos.

Portanto esse medo provocado por uma sensação "estranha" sem nenhum fundamento certificado pela ciência, mas, para quem acredita, pela espiritualidade ou por um obsessor, ainda é coisa que a ciência só descobrirá e poderá testemunhar daqui a algum tempo.

**Quando permitimos que os medos nos detenham na busca da felicidade, decretamos ao Universo que aceitamos qualquer coisa, pois não temos a coragem necessária para buscar aquilo que realmente queremos.**

Lourdes Ganzeli

Tenham, porém, a origem que tiverem, os medos serão sempre grandes inimigos que devemos identificar e neutralizar, para que possamos seguir saudáveis e confiantes em nossos projetos de vida.

**Focar e perseverar no que se quer conseguir, abre as portas das possibilidades e fortalece a capacidade de realização.**

Lourdes Ganzeli

# CAPÍTULO 7

## O MICRO INTEGRA O MACRO

Somos microcosmos dentro do macrocosmo.

Demoramos muito tempo para nos tornarmos aquilo que somos, de bom e de ruim, muito tempo é empregado na formação da personalidade, na criação de padrões comportamentais e modelos emocionais, apesar de que muitos deles são absorvidos já na gestação.

Mas, à medida que esses modelos vão sendo utilizados, vão-se cristalizando, enrijecendo e demandam mais tempo e perseverança para serem modificados ou ressignificados, isso não quer dizer que seja impossível, é só trabalhoso, demanda tempo e perseverança.

Cada parte da mente subconsciente registra padrões, medos, aprendizados, crenças, princípios e valores que vieram de um universo maior do que o nosso universo pessoal.

Daí dizer que o micro integra o macro, pois somos seres individualizados, mas, que ao mesmo tempo, fazemos parte de um ser muito maior, uma família, uma comunidade, uma nação, e assim por diante.

Cada um de nós é uma célula de uma sociedade e muito do que somos, recebemos dela, como cultura, moral, crenças etc.

Estamos todos interligados, somos todos interdependentes, cada coisa que nos acontece ou que fazemos acontecer, interfere, de alguma maneira no nosso entorno, como, por exemplo, na família, na empresa ou na comunidade.

**A frequência das ondas dos nossos pensamentos e sentimentos interferem no funcionamento celular.**

Lourdes Ganzeli

É por isso que absorvemos medos por meio da mídia, dos comentários de terceiros, do meio em que vivemos.

O funcionamento das nossas células é diretamente modificado de acordo com os pensamentos e as emoções que alimentamos.

A qualidade do funcionamento celular é alterada de acordo com a frequência de ondas dos nossos pensamentos e sentimentos.

Tudo no mundo é energia que vibra em determinadas frequências de ondas.

Quando criamos pensamentos alegres, saudáveis e positivos, vibramos numa determinada frequência, quando nossos pensamentos traduzem ansiedade, medos, energias negativas, estamos emitindo outro tipo de frequência.

São essas frequências que vibram em nossas células e promovem a saúde, a energia e a vitalidade, quando são positivas e induzem às doenças, à depressão e ao estresse quando vibram de forma negativa.

É o ego, motivado por nossos sistemas de crenças, que produz ondas de baixa vibração, centrada no medo e que distorcem as ondas harmônicas ou positivas com as quais entram em contacto.

No entanto, o ego também é capaz de produzir frequências de energias vibracionais positivas quando as produz a partir do coração, é quando vibra na aceitação, na compaixão e no amor incondicional.

**A alegria, o amor e a felicidade podem produzir a cura e manter a saúde num ótimo patamar, enquanto o medo traz consequências arrasadoras em todas as áreas da vida onde atuar.**

Lourdes Ganzeli

O estado emocional então, interfere diretamente nos nossos sistemas corporais e desencadeia a saúde ou a doença, conforme sua vibração.

Por exemplo, uma crise depressiva pode arrasar com o sistema imunológico, enquanto apaixonar-se pode fortificá-lo imensamente.

## RESSONÂNCIA

O sistema físico atua de um modo determinado, ou seja, oscila numa determinada frequência de ondas, chamadas de frequência preferencial de vibração, ou frequência vibracional.

Quando a energia vai se esgotando por uso ou dissipação, ou quando é bloqueada por qualquer tipo de interferência, a amplitude das oscilações diminui, trazendo a necessidade de repouso ao organismo.

Para que este corpo volte a atuar normalmente precisamos que as ondas vibracionais voltem às suas frequências, necessitamos de impulsos periódicos de movimentos, de tal forma que sejam fornecidas quantidades de energia maiores do que aquelas que foram gastas ou bloqueadas.

Se isto acontecer o corpo vai acumular a energia necessária para trabalhar de forma eficiente e seu movimento tende a crescer.

Assim temos a ressonância entre o sistema gerador e o sistema recebedor (receptor) de energia. Sabemos que o estado emocional tem sua própria frequência vibracional.

Mas não é só o corpo físico que sofre as consequências da emissão de ondas de baixa frequência, todo o nosso corpo sutil, ou seja, nosso campo energético, eletromagnético ou corpo bioplasmático é fortemente influenciado pela qualidade das ondas que emitimos.

Assim temos que, emoções positivas como amor, carinho, alegria, amizade, ternura, etc. trazem ao corpo a saúde, a energia, a vitalidade, a beleza, a simpatia, a leveza, etc. enquanto que as emoções negativas como ódio, raiva, tristeza, medo, ansiedade, entre outras, trazem bloqueios energéticos, tensões, falta de ânimo e de vitalidade.

Quanto mais densas essas emoções, mais "peso" trazem para o corpo, desequilibrando seu metabolismo e desencadeando doenças.

O retesamento muscular, porém, retém os dados registrados na memória corporal, impedindo-os de chegar ao nível consciente. Esses dados quando permanecem por muito tempo no corpo, acabam por se cristalizarem em nível celular.

É o que conhecemos como memória celular. Nosso corpo tem uma tendência a manter as condições fisiológicas constantes, particularmente as do meio interno, a isso se dá o nome de homeostasia.

A seguir você vai descobrir como a ciência comprovou que as células têm memória e comportamento próprios.

# CAPÍTULO 8

## MEMÓRIAS E COMPORTAMENTO CELULAR

## MEMÓRIAS E COMPORTAMENTO CELULAR

Como existe memória celular, muscular e corporal, enquanto perdurem as informações nelas contidas, suas reações e condições fisiológicas estarão sempre em ressonância com estas informações.

Neste trecho do livro "A Matrix Divina" de Gregg Braden podemos perceber claramente como isso funciona, vejamos:

[...] Em um estudo de 1993, conforme publicado no jornal Advances, o Exército executou experimentos para determinar precisamente se a conexão de emoção com DNA continua depois de uma separação e, caso continue, até que distância?

[...] Os pesquisadores começaram por reunir DNA e um esfregaço de tecido do interior da boca de um voluntário. A amostra foi isolada e levada para outra sala no mesmo edifício, e então eles começaram a investigar o fenômeno que a ciência moderna afirmava que não deveria existir.

Em uma câmara especialmente projetada, o DNA foi medido eletricamente para verificar se ele respondia às emoções da pessoa de onde ele tinha sido retirado, o doador, confinado em uma sala distante dali, a várias dezenas de metros.

Nessa sala estavam sendo mostradas ao doador diversas imagens de vídeo. A exibição dos vídeos tinha sido montada tencionando despertar emoções no espectador e incluía filmagens de cenas de guerra, imagens eróticas e comédias.

O que se desejava era que o doador experimentasse um espectro de emoções reais durante um breve período. Enquanto isso lhe acontecia, a resposta de seu DNA era medida em outra sala.

Observou-se que, quando o doador passava por "altos" e "baixos" emocionais, suas células e seu DNA mostravam uma poderosa resposta elétrica, no mesmo instante. Apesar de a distância entre o doador e as amostras ser de dezenas de metros, o DNA agia como se estivesse fisicamente conectado ao corpo dele.

O Exército interrompeu os experimentos quando o doador e o DNA estavam ainda no mesmo edifício, separados por uma distância de apenas dezenas de metros.

Entretanto, em prosseguimento àqueles estudos iniciais, o dr. Backster descreveu como ele e sua equipe continuaram as investigações a distâncias ainda maiores. Certa vez, a distância entre o doador e suas células chegou a 563 quilômetros.

Além disso, a marcação do tempo transcorrido entre a sensação do doador e a resposta da célula foi feita por um relógio atômico localizado no Colorado.

Cada vez que o experimento foi executado, nem um segundo se passou entre a emoção e a resposta da célula: o efeito foi simultâneo e a marcação do tempo transcorrido foi igual a zero.

Independentemente de as células estarem no mesmo quarto ou separadas por centenas de quilômetros, os resultados foram os mesmos.

[...] O DNA do doador reagia como se ainda estivesse conectado, de alguma forma, ao corpo do doador, todas as vezes em que o doador experimentava uma emoção.

As implicações desse experimento são vastas e, até certo ponto, estonteantes.

Se não podemos separar as pessoas de partes de seu corpo, isso significa que, quando um órgão vivo é eficientemente transplantado para outro ser humano, ambos os indivíduos permanecem conectados um ao outro de alguma maneira?

[...] O experimento sugere quatro coisas:

1. Existe uma forma de energia entre os tecidos vivos que não era reconhecida no passado.
2. As células e o DNA se comunicam por meio desse campo de energia.
3. A emoção humana exerce influência direta sobre o DNA vivo.
4. A separação pela distância aparentemente não é importante para os efeitos observados. [...]

Quando as informações negativas são liberadas e substituídas por informações positivas as reações e condições fisiológicas se alteram também por ressonância para agirem de acordo com a nova informação.

Candace B. Pert, foi uma neurocientista, farmacologista e pesquisadora americana que fez grandes descobertas na área celular, especialmente quanto ao lugar de ligação das endorfinas no cérebro.

Em seu livro Molecules of Emotion, ela mostra como o corpo e a mente funcionam como um sistema interconectado, ela demonstra que os componentes químicos do corpo formam uma rede de informações que ligam o corpo com a mente e o quanto nossos pensamentos, emoções e sentimentos interferem no funcionamento celular.

Num trecho do seu livro a Dra. Pert explica:

[...] essas moléculas de emoção são liberadas e distribuídas pelo corpo, instruindo as células sobre se devem ou não se dividir, se devem ativar este ou aquele gene. Tudo no corpo é mobilizado por essas moléculas mensageiras, que estão em toda parte. [...]

Ela diz que cada emoção tem uma "assinatura bioquímica" particular.

Para ficar mais simples de entender seguem algumas emoções e suas "assinaturas bioquímicas", ou seja, o hormônio que é produzido e distribuído pelo corpo.

HOSTILIDADE - excesso de cortisol.
AFETO - Ocitocina
FELICIDADE - Dopamina
SENSAÇÃO DE BEM ESTAR - Serotonina e Endorfina
SENSAÇÃO DE PODER - testosterona
CALMA - Ocitocina
SENTIMENTO DE SEGURANÇA - Ocitocina
SENSAÇÃO DE PRAZER POR ESTAR COM AMIGOS - Endorfina

MEDO - Quando sentimos medos, 4 hormônios são liberados: adrenalina, endorfina, dopamina e cortisol.

A adrenalina promove a vasoconstrição periférica, o aumento da frequência cardíaca para que a pessoa possa lutar ou fugir.

A endorfina tem efeito analgésico, reduz o estado de tensão do corpo. Causa alívio de tensões musculares e o controle da dor, para as mesmas necessidades de luta ou fuga.

A dopamina é um neurotransmissor que atua no sistema nervoso central e está vinculado a diversas funções, entre elas a regulação de algumas emoções e o alívio da dor.

Com essa explicação podemos perceber a magnitude e a inteligências de nossos sistemas corporais e do sistema corpo-mente, que numa fração de segundos produz e distribui hormônios que possibilitem melhorar o desempenho e no caso do medo, minimizar o estresse e dar condições para as atividades necessárias para a superação da situação que está causando o medo.

Essa visão revolucionária abriu as portas para marcar uma base biomolecular para as emoções e explicar como esse avanço científico nos capacita, de forma simples e didática a compreender a nós mesmos e aos nossos mecanismos de ação entre corpo e a mente e suas consequências e resultados.

As descobertas não param por aí, agora chega a hora mais interessante, a seguir você vai descobrir que nossos medos e emoções atuam diretamente sobre as células e o comportamento celular.

LOURDES GANZELI

# CAPÍTULO 9

## MEDOS E CRENÇAS INTERFEREM NO COMPORTAMENTO CELULAR

Bruce Lipton, biólogo, professor, cientista americano, fez grande contribuição na área da epigenética e em seu livro Biology of Belief afirma que as crenças, não só interferem, mas, controlam a biologia, de forma muito mais efetiva do que o próprio DNA.

Certamente quando acreditamos que é o DNA que faz esse controle, ele o fará, reforçando o ensinamento bíblico que nos diz: "Faça-se conforme a sua fé." (Mateus 9:29), mas, no trecho que segue do livro "A biologia da crença" o Dr. Lipton traz sua visão da teoria celular e luz à nova consciência sobre essa matéria.

Em seu livro, Dr. Lipton descreve de maneira científica quanto as emoções, as crenças, os medos interferem na atuação de toda a biologia, desde as células ao comportamento dos sistemas corporais, trazendo como resultado a saúde ou a doença de acordo com as crenças e emoções produzidas.

Nesse trecho do seu livro ele nos diz:

[...] o cérebro desenvolveu um nível de especialização, que permite a toda a comunidade refinar seus sinais reguladores. A evolução do sistema límbico estabeleceu um mecanismo único que converteu os sinais de comunicação química em sensações acessíveis a todas as células da comunidade.

Nossa mente consciente interpreta esses sinais como emoções. A mente consciente não só é capaz de "ler" o fluxo de sinais de coordenação celular que compõem toda a "mente" do corpo, como também de gerar as emoções, que se manifestam por meio da emissão controlada de sinais pelo sistema nervoso.

Num outro trecho, ele coloca:

[...] A capacidade da mente consciente de se sobrepor aos comportamentos programados da mente inconsciente é o que nos permite ter livre-arbítrio.

E continua...

Suas crenças agem como filtros de uma câmera. E sua biologia se adapta a elas. Quando reconhecemos o poder de nossas crenças descobrimos a chave da liberdade. Não podemos modificar nossos códigos de programação genética, mas podemos modificar nossa mente.

Você pode escolher viver com medo ou com amor. Há sempre duas possibilidades!

... A verdade é que, quanto mais tensos ou com medo ficamos, menos inteligência demonstramos. [...]

Como podemos perceber a cada dia mais e mais cientistas chegam, por meio de suas pesquisas, às conclusões que nos são ensinadas em muitas filosofias, religiões e no livro sagrado, que em resumo é:

**"Faça-se conforme a tua fé!"**
**Jesus Cristo**

(Mt 9,27)

## NEURÔNIOS-ESPELHO

Os seres humanos e algumas espécies animais, entre elas os primatas têm alguns circuitos neurais capazes de espelhar o que um outro ser vivo está fazendo ou sentindo.

São pequenas estruturas neurológicas que atuam tanto quando se executa uma ação, quanto quando observamos alguém que realiza a ação.

Nos dois lados do cérebro existem ramificações celulares denominadas "neurônios espelho" que têm essa qualidade especial.

Esse mecanismo está por trás de algo imprescindível para o modo como percebemos as outras pessoas e foi descoberto por um grupo de neurocientistas em Parma, na Itália.

Eles haviam implantado eletrodos na cabeça de macacos para mapear o funcionamento de determinadas áreas cerebrais, pesquisando de maneira mais específica um neurônio que sempre emitia um determinado som cada vez que o macaco pegava um amendoim ou algo para comer.

Os cientistas perceberam que aquele neurônio era fundamental para que aquele movimento acontecesse.

É um neurônio motor.

Um dia um cientista entrou no laboratório onde tinha um macaco sentado descansando, ele pegou algo para comer e nesse momento os neurônios "motor" do macaco emitiram o mesmo som, assim ele descobriu que o neurônio não podia perceber a diferença entre fazer determinada ação e ver alguém fazendo aquela ação.

Ver e fazer é a mesma coisa para esses neurônios.

Giacomo Rizzolatti, o chefe do laboratório da Universidade de Parma ficou surpreso porque esse neurônio motor do macaco reagiu à atividade de outras pessoas, da mesma maneira que se o próprio macaco estivesse fazendo.

Avançando nas pesquisas descobriram que esse mesmo processo acontece com os seres humanos.

Todos os seres humanos aprendem olhando e imitando, não só as crianças, como os primatas também agem dessa forma.

Primeiro olham, depois fazem. Esse mesmo processo pode ser usado para resolver os mais diversos problemas.

Quando vemos alguém fazendo algo muito difícil, podemos sentir sua dificuldade, porque espelhamos aquela dificuldade, por isso quando um fã de futebol assiste a um jogo, ele se empolga, se alegra, sofre exatamente como os jogadores no campo.

É por isso que podemos sofrer ou nos alegrar enquanto assistimos a um filme, por exemplo.

Esse sistema de neurônios-espelho é a maneira como aproveitamos as nossas habilidades e as projetamos para o mundo.

O professor Marco Lacobomi da UCLA - Universidade da Califórnia acredita que os neurônios espelho nos conectam não só às ações de outras pessoas, mas também às suas emoções e sentimentos.

Ele fez uma experiência usando um poderoso escâner cerebral que analisa o cérebro enquanto ele trabalha.

Quando uma pessoa estava dentro desse aparelho de ressonância magnética funcional e seu cérebro estava sendo escaneado, uma série de fotos de rostos com as mais diversas expressões eram mostradas a ela.

Foi pedido a essa pessoa que olhasse para cada foto e imitasse a expressão de cada uma. Todo o processo foi gravado.

Em seguida, foi pedido para que a pessoa só olhasse as fotos, sem imitar nenhuma expressão, não era para mover nenhum músculo facial, só olhar.

A máquina continuou escaneando e gravando todas as imagens do cérebro e foi constatado que tanto imitando, quanto só olhando para as expressões expostas pelas fotos, as mesmas áreas cerebrais eram ativadas, ou seja, havia atividade cerebral nas mesmas áreas.

Quando a pessoa cujo cérebro estava sendo escaneado, via uma pessoa feliz, sentia-se feliz, quando via alguém triste, sentia-se triste e assim com emoções como raiva e medo, entre outras.

A seguir veremos que desde a gestação existem neurônios que já estão espelhando comportamentos da mãe. Veja como isso é interessante...

A ciência vai desvendando conhecimentos que estavam ocultos e nos impressionando com todas as possibilidades que se abrem a partir daí.

# CAPÍTULO 10

## A GESTAÇÃO E OS NEORÔNIOS

## DESDE A GESTAÇÃO OS NEURÔNIOS-ESPELHO JÁ ESTÃO EM AÇÃO.

Os neurônios-espelho enviam mensagens para o sistema límbico ou cérebro emocional.

São esses neurônios que nos ajudam a entrar em contato com os sentimentos e emoções das outras pessoas, são eles que promovem a empatia, por isso é tão fácil alegrar-se com quem está alegre, entristecer-se com alguém que está triste, sentir raiva ou medo quando em companhia de pessoas com essas emoções.

## EXPERIMENTOS COM RECÉM NASCIDOS

Outro experimento muito interessante foi o do Dr. Andrew Meltzoff, na época era professor da Universidade de Oxford (Inglaterra) que em 1974 descobriu a chamada "imitação através do desenvolvimento infantil."

Ele fez um experimento com crianças de 12 a 21 dias de vida.

Sentou-se em frente a elas e fez diversas expressões e gestos que as crianças recém-nascidas copiaram de imediato.

A aprendizagem infantil começa desde que é um embrião.

No quarto mês de gestação o bebê começa a ter sensibilidade auditiva e tátil, a partir desse momento qualquer manifestação sonora, motora ou tátil, a criança vai perceber, seja positiva ou negativa.

Desde esse período a criança já responde a cada um desses estímulos, a resposta pode ser bem variada, numa resposta motora ela pode se mexer, chutar ou agitar ou pode ter uma resposta hormonal.

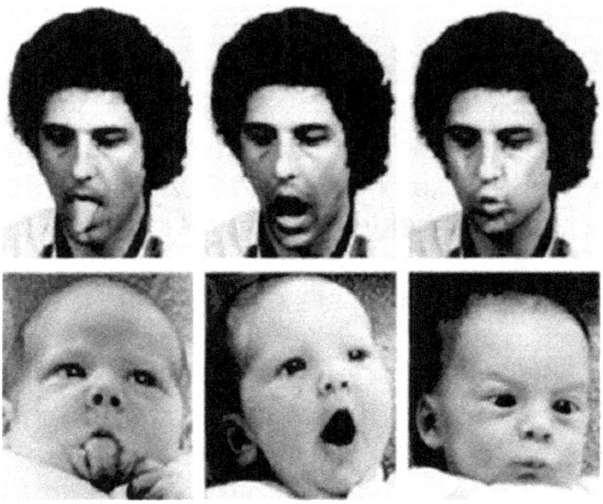

Nesta foto o Dr. Andrew Meltzoff faz seu experimento junto a um bebê com poucos dias de vida.

Se for um estímulo bom, agradável, a criança produz hormônios que a ajudam a se desenvolver e ao cérebro a criar conexões boas e saudáveis para o seu desenvolvimento.

Se o estímulo for negativo, ruim, a criança produz hormônios que a estimulam de uma forma negativa ainda no útero.

## NEURÔNIOS ESPELHO & MOLÉCULAS DA EMOÇÃO

Num artigo escrito por Susan Andrews na revista Época, ela contou uma história acontecida durante a guerra do Vietnã que achei bastante interessante para reflexão.

Ela conta que durante uma batalha num campo de arroz, americanos e vietnamitas estavam se enfrentando em meio a um tiroteio feroz, nisso passam em fila indiana um grupo de monges budistas caminhando lentamente, bem no meio do tiroteio, mas, vinham calmos e concentrados em seus pensamentos, sem nem mesmo olhar para os lados ou mostrar medo ou apreensão.

Os monges transmitiam paz, serenidade e confiança.

Nesse momento o tiroteio parou até que os monges tivessem saído da vista dos atiradores. Fez-se um longo silêncio onde nem americanos, nem vietnamitas voltaram a atirar.

Parece que perderam o ímpeto de luta e cada grupo retornou para seu acampamento.

Naquele dia não ouve mais luta naquele local.

Ali houve uma mescla de acontecimentos, onde as moléculas da emoção entraram em ação quando os neurônios-espelho perceberam a paz dos monges e entraram em ressonância.

Os neurologistas dão o nome de "circuito aberto" do sistema límbico, que é, como já vimos anteriormente, a parte emocional do cérebro.

Conforme os estudiosos, um sistema de "circuito fechado" ele está fechado para tudo o que estiver a sua volta. O que vem de fora não o influencia.

Já o sistema de circuito aberto, como o nome já indica, está aberto para os acontecimentos ao seu redor. Ele se deixa influenciar por aquilo que acontece à sua volta.

Quando o sistema está aberto, os neurônios-espelho entram em ação e passam a espelhar o comportamento dos que estão por perto de nós.

É quando nos emocionamos com um filme ou o jogo que estamos assistindo, é quando sentimos a emoção de alguém que desabafava conosco, enfim...

Em poucos minutos nossa expressão se altera junto com a respiração os batimentos cardíacos e os demais sistemas corporais que recebem uma dose extra dos hormônios condizentes com as emoções que estamos sentindo.

Isso acontece devido ao entrelaçamento entre os sentimentos e a fisiologia por meio da bioquímica das emoções como já vimos nas descobertas da Dra. Candace Pert com seus estudos das "moléculas das emoções".

Outra descoberta fascinante será revelada no próximo capítulo. Veja por si mesmo se não é algo realmente intrigante...

LOURDES GANZELI

# CAPÍTULO 11

## MAIS CIÊNCIA TRABALHANDO A FAVOR DO CONHECIMENTO

## MEMÓRIA CELULAR

Segundo Dr. Paul Pearsall neuropsicólogo, professor auxiliar da Universidade do Havaí em Manoa e membro da Administração do State of Hawaii Consortium for Integrative Health Care, reconhecido internacionalmente e autor de mais de 15 livros, o coração pensa, lembra e comunica-se com outros corações.

Ele também nos diz que o coração ajuda a regular o sistema imunológico e armazena informações que pulsam continuamente através do corpo e que é mais do que o músculo que bombeia o sangue para todo o corpo, mas que também rege uma orquestra celular que é a própria essência do nosso ser.

No seu livro MEMÓRIA DAS CÉLULAS, ele explica a teoria e a ciência que baseiam a cardiologia energética, área que tem produzido as mais importantes descobertas médicas, que influenciam grandemente os conhecimentos sociais e espirituais de nossa época.

O Dr. Pearsall fez muitas pesquisas na área para constatar e poder comprovar que as células têm memórias e mesmo que essas células sejam transplantadas para outro órgão ou corpo elas levam consigo as memórias registradas.

Um dos casos mais intrigantes contados num dos seus livros foi o de uma menina de 10 anos que recebeu o coração de outra menina, essa de 8 anos que foi assassinada.

A menina transplantada depois do período de recuperação da cirurgia, começou a ter pesadelos e num deles ela viu exatamente o que aconteceu, onde aconteceu e quem foi o assassino da sua doadora.

Aquele caso nunca havia sido solucionado, a menina tão impressionada pelo pesadelo contou a seus pais com tanta riqueza de detalhes que eles a levaram até a delegacia para que contasse tudo pessoalmente ao delegado.

Com esse testemunho tão rico, a polícia descobriu o assassino que acabou confessando o crime, que finalmente foi resolvido. As pesquisas dele tinham foco em pessoas transplantadas especialmente em transplantes de pulmão e coração.

## A ENERGIA DO CORAÇÃO

Em seu livro "A Matrix Divina" Gregg Bradem fala sobre uma organização que foi formada nos Estados Unidos em 1991 chamada Institute of HeartMath, que tinha como objetivo pesquisar o poder dos sentimentos sobre o corpo.

Para tanto, nomearam o projeto de HeartMath, porque pretendiam elucidar a respeito da origem das emoções e sentimentos e na época, o que parecia mais lógico seria investigar o coração do ser humano.

Esse trabalho pioneiro foi bastante publicado em jornais de prestígio e muito citado em artigos científicos da época.

Uma das descobertas mais importantes que resultaram desse trabalho foi a documentação sobre um campo de energia de forma ovalada que contorna o coração e se estende para fora do corpo.

Esse campo de energia eletromagnética pode ter de 1,5 a 2,4 metros de extensão.

Esse campo não é a aura ou corpo bioplasmático ou prana descrito em antigas tradições, mas é uma forma de energia, um campo de força que existe nessa região.

Para aprofundar as pesquisas e determinar se existem outros tipos de energia os pesquisadores decidiram investigar os efeitos das emoções sobre o DNA, que consideram a própria essência da vida.

Essas pesquisas aconteceram de 1992 até 1995 e começaram por isolar o DNA num recipiente de vidro e o expuseram a uma poderosa emoção conhecida como emoção coerente.

Os principais pesquisadores desse projeto, Glen Rein e Rollin McCraty acreditavam que o estado psicológico pode ser criado a partir de "o uso de técnicas de autogerenciamento mental e emocional especialmente projetadas, que implicam na quietude intencional da mente, na mudança da consciência para a área do coração e na focalização de emoções positivas."

Eles aplicaram vários testes com pessoas treinadas para essa finalidade e depois com a tecnologia apropriada para a análise do DNA, e assim foram capazes de detectar as mudanças que pudessem acontecer.

Os resultados foram indiscutíveis e as consequências notórias e evidentes: as emoções humanas mudam o DNA!

Sem nenhum contato físico nem o uso de nenhum produto, só com a estimulação de determinadas emoções e sentimentos foi constatado por meio das tecnologias disponíveis que as emoções influenciam o DNA.

Portanto, foi revelado, sem nenhuma dúvida que as intenções produzem efeitos nas moléculas de DNA.

Portanto cada emoção influencia o DNA de uma determinada maneira que pode ser positiva ou negativa.

Essas descobertas confirmam com as outras já descritas neste livro que, apesar das raízes mais variadas que possam ter cristalizado um medo, por mais arraigado que ele esteja, ele pode ser ressignificado, superado ou ao menos controlado, de acordo com sua natureza como veremos mais adiante, nos próximos capítulos.

# CAPÍTULO 12

## ÓRGÃOS DE CHOQUE

De acordo com o padrão de fragilidade de cada corpo, as emoções vão atuar em determinados órgãos ou sistemas corporais, que chamamos de órgão de choque, ou seja, o órgão que para uma determinada pessoa é mais suscetível a uma determinada emoção.

Dessa forma, as emoções sempre interferirão no funcionamento de um órgão determinado ou sistema corporal a depender da constituição física de cada um, a isso se dá o nome de somatização.

O simples fato de lembrar de uma situação estressante, faz com que o cérebro libere o mesmo fluxo de hormônios destrutivos que o estresse.

Ou seja, para a mente tanto faz se um fato é real, vivido nesse momento, ou se é uma mera lembrança ou mesmo uma suposição imaginada, a reação do cérebro será a mesma.

Para ficar mais fácil de entender, pegamos o MEDO, como exemplo e a depender do temperamento e da constituição física de uma determinada pessoa, esse MEDO vai desencadear uma determinada somatização, ou seja, uma dor física ou uma doença.

A título de ilustração vou relacionar alguns dos problemas que podem ser desencadeados pelo MEDO, devo frisar, porém, que o MEDO não é a única emoção que pode desencadear cada um deles, ele é uma das emoções que pode resultar nessas alterações na saúde, no humor, no temperamento e na vitalidade.

## PROBLEMAS EMOCIONAIS CAUSADOS PELOS MEDOS

- ANSIEDADE - Medo de eventos futuros.
- CIÚMES - Medo de perder o amor de alguém ou de um objeto querido.
- INVEJA - Medo de nunca conquistar algo que outra pessoa tem ou o que ela é.
- DESÂNIMO - Medo de não conquistar um objetivo.
- BAIXA AUTOESTIMA - Medo inconsciente de não ser merecedora do verdadeiro amor e do respeito às necessidades do coração.
- RAIVA - Medo de perder o controle.
- SENSAÇÃO DE FRACASSO - Medo de ser cobrado por algo que prometeu e não cumpriu.
- COVARDIA - Medo que impede de tomar a atitude necessária.
- PROCRASTINAÇÃO - Medo de não conseguir realizar o trabalho a contento.

## PROBLEMAS DE SAÚDE CAUSADOS PELOS MEDOS

- ALERGIAS - Medo do desconhecido.
- AMIGDALITE - Medo de falar o que sente.
- AMNÉSIA - Medo da vida e das situações que está vivendo.
- ANOREXIA - Medo de rejeição.
- APENDICITE - Medo de eventos que estão sendo vividos.

- ASMA - Medo de se abrir para a vida e de não ser capaz de conquistar o que deseja.
- PROBLEMAS NA BEXIGA - Medo de escassez em todos os níveis, medo de rejeição.
- COLESTEROL ALTO - Medo de não ser feliz.
- COSTAS, parte inferior - Medo por causas financeiras.
- COSTAS, LOMBAR - Medo de faltar dinheiro, perder o emprego ou algo similar.
- COLUNA, CÓCCIX - Medo de perder o poder ou sentir que perdeu o controle.
- COTOVELO - Medo de não dar conta.
- DEDO INDICADOR - Medo de não dar conta.
- DEPRESSÃO - Medo da vida e da morte.
- DESIDRATAÇÃO - Medo (geral).
- DIARREIA - Medo de ser descoberto por algo que fez ou deixou de fazer.
- DIGESTÃO, (Problemas de) - Medo de uma situação que está vivendo.
- DISTROFIA MUSCULAR - Medo extremo de algo que é muito importante
- DOENÇAS CRÔNICAS - Medo do futuro por algo que aconteceu no passado.
- DOR DE CABEÇA - Medo de enfrentar uma situação.
- EDEMA - Medo de perdas e separação.
- ENJOOS - Medo de não "engolir" uma situação.
- ENURESE NOTURNA - Medo de um dos progenitores.
- ESGOTAMENTO NERVOSO - Medo persistente.
- FRIGIDEZ - Medo de sofrer ou de perder o controle na relação.

- GAGUEIRA - Medo do que está no subconsciente, Medo da sexualidade, e dos sentimentos.
- HEPATITE - Medo de mudanças.
- HEMORROIDAS - Medo de abrir mão, medo de liberar alguma coisa.
- HÉRNIA - medo da separação. Medo de tentar o novo e falhar.
- HIPOTENSÃO - Medo de não dar conta de uma situação.

- INTESTINO GROSSO - representa a forma como liberamos as experiências da vida, o medo pode provocar distúrbios, conforme segue:
- CÓLICAS INTESTINAIS - Medo de mudanças.
- PRISÃO DE VENTRE - Medo de largar o velho e não mais necessários. Medo de perdas.
- LABIRINTITE - Medo. Medo de perder o controle.
- OBESIDADE - Medo de abandono e de rejeição.
- OLHOS, Astigmatismo - Medo de lidar com o eu interno. Medo de olhar para sua alma.
- PARKINGSON, Mal de - Medo. Medo de perder o controle.
- PSORÍASE - Medo de ser magoado.

Lembrando que esses medos podem ser inconscientes e que não são os únicos que podem causar esses males.

## MEDOS MAIS COMUNS DESENVOLVIDOS DURANTE A GESTAÇÃO

- MEDO DE REJEIÇÃO
- MEDO DE ABANDONO
- MEDO DE TRAIÇÃO
- MEDO DE SE EXPOR
- MEDO DE SER MANIPULADO
- MEDO DE SER HUMILHADO
- MEDO DE PERDER O AMOR DE ALGUÉM
- MEDO DE SER EXCLUÍDO

## MEDOS MAIS COMUNS NA PRIMEIRA INFÂNCIA

- MEDO DO ESCURO
- MEDO DE FICAR SOZINHO
- MEDO DE TROVÃO OU BARULHO ALTO
- MEDO DE PALHAÇO
- MEDO DE PAPAI NOEL

## MEDOS MAIS COMUNS DESENVOLVIDOS POR SISTEMAS DE CRENÇAS ADQUIRIDOS DURANTE A INFÂNCIA E ADOLESCÊNCIA

- MEDO DE FALAR EM PÚBLICO
- MEDO DE NADAR
- MEDO DE ALTURA
- MEDO DE NÃO SER CAPAZ
- MEDO DE CRÍTICA
- MEDO DE JULGAMENTO
- MEDO DE INSETOS E ANIMAIS

- MEDOS MAIS COMUNS NA MATURIDADE

- MEDO DE PERDER O AMOR DO PARCEIRO(A)
- MEDO DE NÃO SER CAPAZ DE ATINGIR AS METAS
- MEDO DE IR À FALÊNCIA
- MEDO DE PERDER O EMPREGO
- MEDO DE FALTAR DINHEIRO
- MEDO DE PERDER O STATUS
- MEDO DE NÃO ENCONTRAR O AMOR DE SUA VIDA
- MEDO DO JULGAMENTO
- MEDO DA CRÍTICA
- MEDO DA INCOMPETÊNCIA

**MEDOS MAIS COMUNS NA TERCEIRA IDADE**

- MEDO DE DOENÇA
- MEDO DA MORTE
- MEDO DE SOLIDÃO
- MEDO DE PERDER A MEMÓRIA
- MEDO DE PERDER A IDENTIDADE
- MEDO DE FICAR DEPENDENTE DE TERCEIROS
- MEDOS LIGADOS A PREOCUPAÇÕES FINANCEIRAS
- MEDO DE PERDER VÍNCULOS FAMILIARES
- MEDO DE TER QUE VIVER NUM ASILO

# CAPÍTULO 13

## MEDO É FALTA DE AMOR E FÉ

## MEDO É FALTA DE AMOR E FÉ

Quem ama confia, liberta, aceita e entrega, porque o verdadeiro amor cria raízes que nos conectam com o ser amado.

Amor não é posse, portanto não tem medo de perder.

Quem ama confia e confiança é fé porque sabe que tudo na vida tem seu motivo e seu propósito, apesar de que, a princípio, não saibamos quais são nenhum, nem outro.

Tudo o que tem que ser será e essa sabedoria alimenta a fé, que alimenta o amor e unifica os corações.

A fé fortalece a vida e o amor dá significado e poder às nossas ações. Só amor traz luz ao que estava escondido e só ele neutraliza a ação dos inimigos.

**"O oposto do amor não é, como muitas vezes ou quase sempre pensam, o ódio, mas o medo de amar, e medo de amar é medo de ser livre "**

Paulo Freire

**AMOR É FORÇA E FÉ.**

Aquele que aprende a amar-se jamais sentirá medo do fracasso, da solidão ou do abandono, porque o amor mantém a fé e esta traz a cura, o poder, a autoridade e a superação.

Quem se alimenta de amor fortalece a fé, des - conhece a doença, o fracasso, a tristeza e a insatisfação.

O amor alimenta e a fé cura qualquer mazela, doença ou dificuldade. Só ele constrói uma vida de paz, alegria e satisfação.

Durante muito tempo acreditamos que não conseguiríamos vencer nossos medos e isso fez com que projetássemos a solução de nossos problemas para fora de nós.

Tínhamos a esperança de que alguém os resolvesse, ou que o tempo os neutralizaria ou que algum milagre acontecesse e isso só fez com que eles crescessem.

Passamos a vida acreditando que a felicidade dependia de terceiros, se o marido/ filho / pai / patrão / governo ... Fizessem tal coisa, poderíamos resolver qualquer situação e então seríamos felizes.

Essa ilusão é tão algoz quanto o medo, torna-nos pessoas insatisfeitas, frustradas, infelizes e com uma péssima autoestima, pois se o terceiro não fez é porque no fundo não merecemos, ou porque a vida é ingrata.

A humanidade perpetuou até agora, a impossibilidade de ser feliz por meio da superação de si mesma, atrelada à crença da impossibilidade que foi regida pelos medos da incapacidade.

O medo tem sido um terrível inimigo que nos humilha, maltrata, impede de realizarmos o que deveríamos e de viver uma vida serena e feliz.

Muitas vezes, por medo de magoar alguém, ou da represália que podemos sofrer, não falamos o que estamos sentindo.

Essas emoções represadas vão criando ponto de tensão no corpo e com o tempo podem desenvolver uma série de doenças e síndromes que desestabilizam a saúde e o bem-estar físico e emocional.

A consequência mais amena será a insatisfação e a frustração crescente que se não forem neutralizadas a tempo, podem acabar com os relacionamentos e a alegria de viver.

O medo é o pior tirano, é o que mantém cativo e em sofrimento aquele que se permite cultivá-lo em seu coração, alimentando-o com a ilusão de que não pode, não consegue, não é capaz....

O medo é um dos piores inimigos, age como uma droga que vicia e mantém preso aquele que lhe dá ouvidos e se deixa dominar por ele.

Ninguém consegue ter uma boa autoestima, o verdadeiro amor-próprio, o verdadeiro amor incondicional, e conhecer todo o seu potencial, se permitir escravizar pelo medo.

Quer ser realmente feliz e realizado?

Identifique e neutralize cada um dos seus medos.

Todos nós temos algum medo para superar, algum desafio a enfrentar, alguma culpa para liberar, algo ou alguém para perdoar.

Até a falta de perdão envolve o medo, e nesse caso é o medo de se deixar levar e sofrer novamente com a possibilidade de que a pessoa nos prejudicou volte a fazê-lo.

Pensamentos, emoções e sentimentos são energias que emitimos para o Universo, e, quanto mais emitimos uma determinada energia, mais condensada ela fica, mais ela se fortalece.

**SUPERAÇÃO É LIBERTAÇÃO, POR SI MESMA JÁ É VITÓRIA!**

Aceitar desafios é superar-se, é neutralizar os medos, elevar a autoestima e abrir uma enorme passagem para descobrir quem a gente realmente é.

Encarar os desafios é uma forma de percebermos que realmente podemos muito mais do que imaginamos.

Poucas são as conquistas que nos dão mais prazer e elevam mais a autoestima do que a superação de um medo que nos impedia de realizar um sonho.

**O MEDO transforma os sonhos em devaneios e torna as mentes acovardadas, os corações carentes e as almas infelizes.**

Lourdes Ganzeli

Autoestima é olhar para vida com fé e gratidão por todos os eventos pois cada um deles tem um motivo e uma função. É respeitar seus limites com aceitação e valorizar suas qualidades sem culpas nem arrogância.

Autoestima é permitir-se viver o melhor que a vida tem para oferecer e ofertar aos outros o melhor que tiver em seu próprio coração.

Autoestima é a capacidade de olhar para si e livrar-se dos medos que cerceiam sua liberdade.

O MEDO submete a alma humana aos grilhões da menos valia, da incapacidade de superação e a preservação da frustração na área em que ele atua.

**Onde há MEDO não há alegria, realização nem plenitude.**

Lourdes Ganzeli

O MEDO é o maior inimigo que podemos cultivar.

O MEDO é o mestre do disfarce e te impede de realizar-se com plenitude nas áreas em que ele atua. Ele conhece teus pontos fracos e sabe exatamente onde atacar para te manter cativo, frustrado e infeliz.

Mudar não é fácil, mas a mudança começa com o primeiro passo. A responsabilidade pela própria vida inclui sair da zona de conforto e seguir ao encontro do que lhe fala mais alto ao coração.

Toda hora é hora para repensar alguns aspectos da vida que não estão satisfatórios.

Melhor pensar e agir antes que se torne insustentável.

Procrastinar é o pior a fazer.

Mas, se você esperou demais e o pior já aconteceu, aproveite a sugestão: se a vida deu uma cambalhota, aproveita para olhar de outro ângulo.

Identificar seus medos, descobrir a origem de cada um deles e começar um trabalho para eliminá-los ou ao menos minimizá-los o suficiente para que sejam administrados, é o caminho para a libertação e a vitória.

**CONHECIMENTO É PODER EM POTENCIAL, AÇÃO É FUNDAMENTAL!**

O medo é uma constante na vida do ser humano, essa constância fez com que não se pense muito a respeito dele. Dessa forma ele age sorrateiramente, muitas vezes sem ser percebido.

Quando nos damos conta ele já nos assaltou e nos fez reféns...

Os únicos medos que realmente nos auxiliam a preservar a existência são os medos naturais que podem provocar a morte, ou seja o medo de terremotos, ciclones, erupções vulcânicas e todos os outros que apresentam o perigo real da perda da vida.

Tomar consciência do seu poder de ação é meio caminho andado para a superação. A outra parte é a busca de técnicas e exercícios para que treinados com frequência nos capacitem a administrar e posteriormente superar todos os medos absorvidos durante a vida.

Só não podemos superar os inimigos ocultos, aqueles dos quais não temos todas as informações necessárias para neutralizar por meio do conhecimento direcionado, e se não nos dispusermos a agir depois de conhecidas suas causas e adquiridas as ferramentas adequadas.

**Uma nova vida é possível àquele que supera seus medos e conquista sua liberdade de ser!**

Lourdes Ganzeli

# CAPÍTULO 14
## O CÉREBRO E OS MEDOS

## O CÉREBRO E OS MEDOS

A Teoria do Cérebro Trino surgiu na década de 1970 com o médico e neurocientista Paul MacLeam que só publicou seu livro na década de 1990, hoje sua teoria domina no meio científico.

Ele diz que nosso cérebro está dividido em 3 partes, cada uma é uma unidade funcional diferente, como se fossem 3 computadores biológicos INTERDEPENDENTES cada um é um extrato evolucionário mais novo que se sobrepôs ao outro.

Na figura abaixo encontramos as 3 áreas do cérebro ilustradas de forma simplista só mesmo para efeito didático.

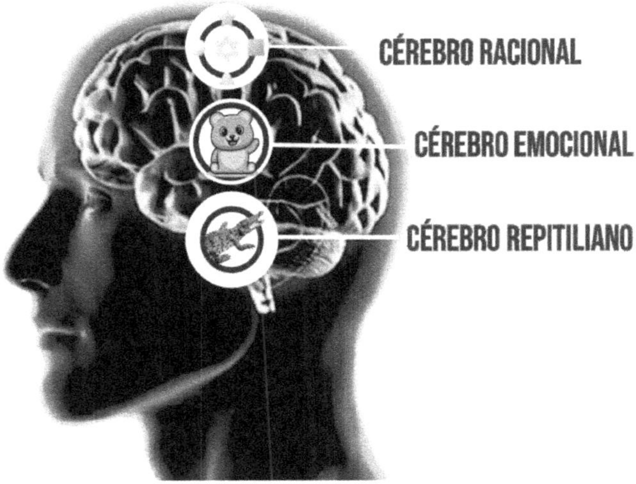

**Cérebro Racional ou Neocórtex**

Comanda o Raciocínio lógico, a Capacidade de abstração, a criatividade entre tantas outras funções...

**Cérebro Emocional ou Mamífero, também conhecido como Sistema Límbico**

Se refere ao gostar ou não gostar, brincar, emocionar, alocar os sistemas de crenças, medos e tantas outras funções.

**Cérebro Reptiliano**

Se refere à preservação da vida e da espécie, o ataque ou a fuga e a busca pelo prazer, é o instinto primitivo, além de determinar também, muitas outras funções.

## CÉREBRO REPTILIANO - INSTINTO DE PRESERVAÇÃO

O cérebro está dividido em três partes, cada uma é uma unidade funcional diferente, como se fossem três computadores biológicos interdependentes, cada um é como um extrato evolucionário mais novo que se sobrepôs ao outro.

A mais antiga é o cérebro reptiliano, surgiu já nos répteis, daí o nome.

Essa parte do cérebro só é capaz de produzir funções primárias, tais como fugir da dor, ou do ataque de um predador mais forte, buscar o prazer da alimentação e do sexo.

Comanda os instintos primordiais, lutar pela vida e ter prazer. Ela funciona então nas condições básicas de sobrevivência, os instintos primários. Atacar ou fugir, comer, preservar a espécie.

Ele atua de tal forma que não mede consequências, são só instintos e como é ancestral, é rígido, frio, territorial e agressivo. É obsessivo, autoritário, capaz de escravizar, além de ser ritualístico e muitas vezes paranoico.

São os instintos animais, quando acionados têm prioridade sobre os outros dois.

É o cérebro reptiliano que aciona o medo da morte e muitas vezes o medo do desconhecido por associá-lo à possibilidade de perdas e dores.

É aí que nasce também o comportamento repetitivo e acontecem os comandos que possibilitam algumas ações involuntárias e o controle de certas funções viscerais (cardíaca, pulmonar, intestinal, etc.), indispensáveis à preservação da vida.

Essas características se sustentaram e até foram reforçadas porque ao longo da história as cúpulas de poder mantiveram a população sobre pressão, acionando constantemente o cérebro reptiliano, foram séculos e séculos em que os poderosos mantiveram seus povos subjugados pelo medo e a ignorância.

Essa situação foi fortalecendo os instintos preservados no cérebro reptiliano, ou seja, o de matar ou morrer, atacar ou fugir, comer e procriar, para manter a espécie e no caso dos seres humanos, para que os filhos cuidassem de seus pais na velhice, ajudando-os a prolongar sua existência quando já não tivessem mais forças para lutar.

## CÉREBRO EMOCIONAL - AQUI SE DESENVOLVEM AS FUNÇÕES AFETIVAS

A segunda parte é o cérebro dos mamíferos é bem mais complexa, envolvendo diversas áreas que compõem o Sistema Límbico, que é o responsável, entre outras coisas por nossas emoções, por isso ele também é chamado de cérebro emocional.

Na parte do cérebro conhecida como cérebro dos mamíferos, encontramos as funções que comandam certos comportamentos necessários à sobrevivência de todos os mamíferos. Esse cérebro também cria funções mais específicas, as quais permitem ao animal distinguir entre o que lhe agrada ou desagrada e que induz as fêmeas a cuidarem atentamente de suas crias, ou a que promove a tendência desses animais a desenvolverem comportamentos lúdicos (gostar de brincar).

Emoções e sentimentos, como ira, pavor, paixão, amor, ódio, alegria e tristeza, são criações emocionais, originadas no sistema límbico.

Nos mamíferos superiores este sistema está associado a alguns aspectos da identidade pessoal e participa de certas funções ligadas à memória.

## CÉREBRO RACIONAL OU NEOPÁLEO

A terceira parte é o cérebro racional que é composto pelo neocórtex que é o mais complexo dos três e é o que diferencia o homem/primata dos demais animais.

É o cérebro dos mamíferos superiores, ou seja, os primatas (macacos, bugios, etc....) e o homem.

É composto de uma rede complexa de células nervosas muito diferenciadas, que têm capacidade para reproduzir a linguagem simbólica, o que permite ao ser humano produzir tarefas intelectuais como ler, escrever, fazer cálculos, etc....

São três unidades cerebrais que juntas constituem um único cérebro, sendo que apesar de estarem interconectadas, cada uma mantém suas funções específicas.

## CÉREBRO PENSANTE

Segundo Paul MacLean é apenas pela presença do neocórtex que o homem consegue desenvolver o pensamento abstrato e tem capacidade de gerar invenções.

## INTEGRAÇÃO E INTERDEPENDÊNCIA

### CÉREBRO REPTILIANO

Não aprende com seus erros, não tem capacidade de sentir e nem de pensar, é puro instinto, é responsável pela autopreservação. Sua função é a de ATUAR, mas, pode ser treinado para o controle desses instintos.

### CÉREBRO MAMÍFERO

Essa parte do cérebro é onde acontecem as escolhas entre o que lhe agrada ou não, já tem identidade pessoal e memória e a sua função é agir de forma emocional, comanda os sentimentos e emoções.

### CÉREBRO RACIONAL

É a parte mais complexa e capaz de aprender atividades diversas, avaliar, questionar, integrar, criar, abstrair, elaborar... aprender com os erros, discernir, evoluir.

Hoje a neurociência demonstra que a neuroplasticidade, que é a capacidade de adequação das células cerebrais, faz com que o cérebro consiga se transformar e adaptar para aprender novos conhecimentos e se ajustar às novas experiências da vida.

Os circuitos neurais são mesmo maleáveis e estão na base de todas as memórias adquiridas durante a aprendizagem.

Portanto podemos aprender novos conhecimentos e TRANSFORMAR NOSSA REALIDADE, MESMO A MAIS INCONSCIENTE e mesmo estando na MATURIDADE, desde que tenhamos o conhecimento e a perseverança necessária.

Na primeira figura podemos notar que:

A mente consciente tem centenas de competências, entre elas: capacidade de raciocínio, de análise, de detalhes, capacidade administrativa, capacidade de aprendizado, gerenciamento e discernimento;

A mente subconsciente tem a competência emocional e intuitiva, ali moram os hábitos, as crenças, os medos, mas, não tem capacidade de discernimento, tudo o que chega até ela é considerado como verdadeiro.

A mente inconsciente - é onde estão guardadas as informações de difícil acesso, memórias esquecidas por serem dolorosas ou traumáticas e os medos mais profundos. Essa parte da mente comanda a mente subconsciente e a consciente.

Em seguida, foi criada uma imagem no sentido de facilitar o entendimento, destacando, porém, que se trata de algo totalmente ilustrativo.

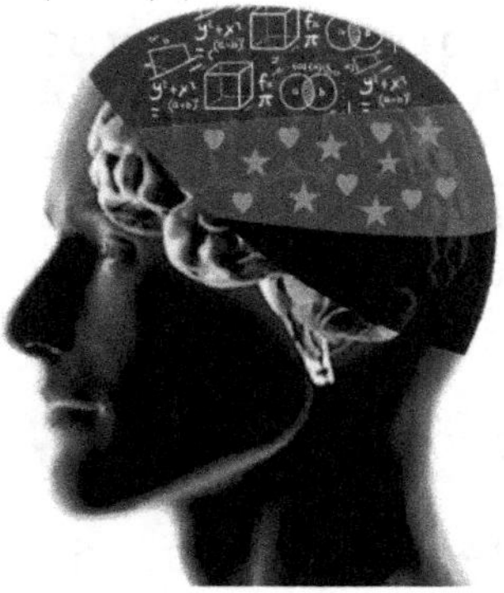

Esta imagem que é totalmente fictícia, funciona como uma forma lúdica de representar o sistema cérebro-mente.

De baixo para cima, vimos uma primeira faixa mais escura representando que ali tudo é invisível, praticamente inacessível.

A segunda faixa intermediária representa a parte do cérebro mamífero, emocional ou límbico que está conectado com a mente subconsciente.

A terceira representa o neocórtex, ou cérebro racional que se conecta com a mente consciente.

Nesta segunda imagem podemos perceber a influência de cada área do cérebro e respectivas mentes umas sobre as outras e como isso funciona.

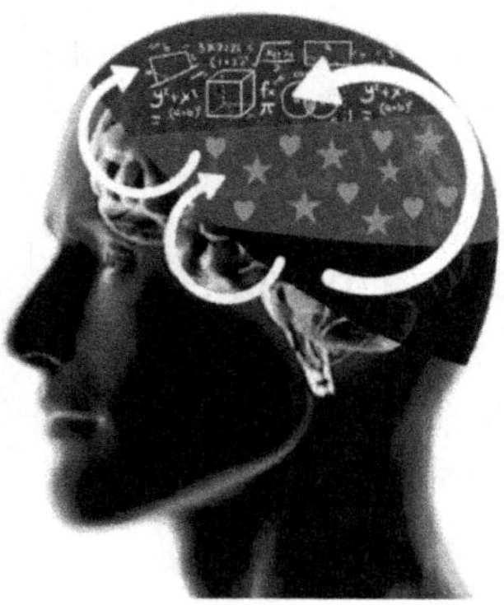

A faixa que representa a mente consciente está na parte superior com diversos ícones que representam muitas habilidades e aptidões que caracterizam essa parte da mente que é consciente e está conectada com o neocórtex, o cérebro racional

A faixa intermediária em azul, representa a mente subconsciente, conectada com o cérebro emocional, ou sistema límbico que comanda os medos, as crenças, as emoções.

A faixa inferior, escura representa o cérebro reptiliano, instintivo, conectado com a mente inconsciente.

Nessa figura podemos perceber que a mente inconsciente sequestra as mentes subconsciente e a consciente por meio da sua agilidade e poder de ação. É o próprio instinto em ação.

A mente subconsciente por sua vez, predomina sobre o racional, ou consciente. Portanto, ela manipula o consciente e é submissa ao inconsciente.

Mas, o que é importante saber é que, com treino e perseverança a mente consciente consegue administrar a mente subconsciente e com a metodologia adequada e mais treino ela consegue acessar muitas informações do inconsciente e até mesmo controlar alguns dos seus instintos.

# CAPÍTULO 15

## O CONHECIMENTO E OS MEDOS

## O CONHECIMENTO E OS MEDOS

Quem não se conhece, se engana, engana os outros e se engana com eles, esse círculo vicioso traz insatisfação, frustração, decepção, arrasa com a autoconfiança e derruba a autoestima.

Quem não se conhece, acredita que é o que está vinculado nos seus sistemas de crenças inconscientes, acredita que todos os medos que sentem são seus e que não pode ou não consegue fazer nada a respeito.

Os sistemas de crenças inconscientes, os medos, conflitos, enfim, as "verdades" nas quais acreditam e na grande maioria foram absorvidas da mãe durante a gestação e enfatizadas pelos terceiros significativos, ou seja, aquelas pessoas que eram importantes para a criança durante a primeira infância e reforçados durante a adolescência e até mesmo na vida adulta.

As pessoas não são suas crenças, nem o que pensam que são, suas principais características, tendências e aptidões muitas vezes se mantém encobertas pelos sistemas de crenças que as impedem de acessá-las, acreditar nelas e fazer uso do seu verdadeiro potencial.

São convicções que mantêm desde sempre porque quando foram absorvidas, a criança ainda não tinha condição de discernimento e aceitava como verdadeiro tudo o que lhe era dito e repetido.

**Conhecimento é fundamental. Sem ele não crescemos, não evoluímos nem superamos nossos medos e limitações.**

Lourdes Ganzeli

Antes dos 24 ou 25 anos de idade a capacidade de discernimento ainda não está totalmente amadurecida, é por isso que é tão fácil um adolescente ou jovem se iludir e cometer alguns erros.

Ele não costuma parar para analisar com cuidado as possíveis implicações e consequências de suas ações ou escolhas.

À medida que o ser humano cresce e amadurece seus circuitos neurais se fortalecem também, tudo o que foi aprendido durante a primeira infância já foi registrado e tornou-se uma crença, um comportamento ou um hábito.

Isso porque, sem o discernimento, como já foi dito a criança aceita como real e verdadeiro tudo o que lhe é dito por uma pessoa que ela ama ou que é repetido com muita frequência.

Na medida que a criança cresce e começa a questionar e comparar, as suas crenças inconscientes já estão formatadas e cristalizadas, e ela só vai aceitar como verdadeiro aquilo que for compatível com as crenças interiores.

É por isso que é tão difícil mudar um hábito, sair de um vício, aprender algo novo.

Enquanto a criança não se preocupa em quantas vezes ela vai ter que repetir um determinado processo para conseguir fazer o que ela quer, o cérebro do adulto já está bastante ocupado com todas as responsabilidades e compromissos que ele tem que dar conta e fica meio "preguiçoso" para novos aprendizados ou mudanças de comportamento.

Isso acontece porque para cada novo aprendizado, ou hábito a ser construído ele terá que construir novos caminhos neurais e isso dá muito trabalho.

Todo esse trabalho é necessário porque a hora que o aprendizado ou hábito a ser instalado estiver pronto, ele automatizará esse conhecimento e ficará mais fácil e rápido para colocá-lo em ação.

Por isso, por exemplo, que começar a estudar um instrumento musical, um novo idioma, um novo esporte, ou seja, lá o que quer que se queira aprender, o trabalho se torna uma barreira, porque para o cérebro é muito mais fácil desistir do que ter que abrir novos caminhos neurais.

Abrir um novo caminho neural é como abrir uma trilha na mata fechada. No começo dá muito trabalho, tudo é muito difícil, custoso e demorado.

Quando observamos uma pessoa tentando abrir uma trilha na mata normalmente ela parte de uma clareira e começa a cortar os galhos que estão na altura dos seus braços e vai pisando nos que estão mais baixos, esses galhos ou mato que estão no chão podem fazê-la tropeçar e dão trabalho para serem pisoteados.

Quando a pessoa se cansa, ela retorna para a clareira, senta, descansa, toma água e fôlego e retorna para a trilha. Quanto mais ela repete esse processo, mais os galhos e o mato que estão no chão vão ficando pisados e mais fácil fica andar por ali.

Quanto mais ela volta para a trilha e continua mais um tanto, mais ela avança na direção escolhida. Ela precisa repetir o processo por muitas e muitas vezes enquanto avança até que num determinado momento a trilha está bem pisada, fácil de caminhar por ela, além de larga o suficiente para que os galhos não atrapalhem.

Assim é o processo de qualquer aprendizado e também o ressignificar crenças e superar medos, construir novos hábitos.

Para a criança pequena que não tem maiores compromissos, esse processo não incomoda, por exemplo, quando está começando a caminhar, ela levanta caminha dois ou três passos e cai. Ela levanta de novo caminha mais alguns passos e cai novamente.

E assim repete o processo até que um dia consegue caminhar uma longa distância.

Imagine se ela soubesse quantos tombos levaria antes de conseguir caminhar... provavelmente toda a humanidade ainda engatinharia, salvo exceções.

É imprescindível que a pessoa que se disponha a superar qualquer obstáculo, medo ou crença tenha isso em mente, e tenha consciência de que o processo pode ser trabalhoso, mas que, com a metodologia adequada, não é difícil e o que os resultados serão sempre altamente satisfatórios.

Portanto, é importante conhecer com quem ou com o que estamos lidando para que possamos aparelhar o cérebro com informações importantes, porque agora, adultos e com o neocórtex maduro, ele vai analisar informações e se permitir iniciar um novo trabalho sabendo que aquilo vai funcionar.

O embasamento científico trazido nos capítulos anteriores fornece ao cérebro a capacidade de analisar de forma lógica e racional todo o conteúdo para com isso se disponibilizar a fazer os exercícios que serão indicados mais adiante.

Isso faz com que a metodologia seja recebida com mais facilidade e acolhida como ferramenta de crescimento e superação.

# CAPÍTULO 16

## MEDO NATURAL X MEDO SOCIAL

**MEDO NATURAL**

São os medos regidos pelo cérebro reptiliano, ou seja, o medo da morte, aquele que leva a fugir de uma situação onde a pessoa perceba que seu oponente é muito mais forte que ela e muitas vezes o medo do desconhecido, pois por trás daquela situação que amedronta pode haver possibilidade de morte ou algo tão atroz quanto.

Como exemplos podemos citar todos aqueles que acontecem durante eventos naturais onde não se tem nenhuma ação direta para provocar ou evitar o acontecimento, ou seja, o medo gerado durante um cataclisma, terremoto, tsunami, erupção de um vulcão, ou qualquer outro fator que coloque a vida em risco, como estar num avião em pane, um barco que afunda ou qualquer outro evento dessa natureza.

**MEDO SOCIAL**

São todos os outros medos herdados, aprendidos, culturais, absorvidos pelo inconsciente ou durante a gestação.

Medo de dormir no escuro, de fantasma, de se afogar, de dirigir, de ficar só, de ser abandonado, de perder o emprego, de engordar, de ficar doente, de passar necessidades, de falar em público e assim por diante.

## MEDO - ALIADO OU INIMIGO?

É o medo que nos impede de olhar para dentro de nosso eu e encontrar as dores da alma e os desencontros, os enganos, os desacertos que habitam o inconsciente e que se escondem nas sombras sem coragem de emergir e vir em busca da luz, da remissão e da paz.

É o medo que disfarça e encoberta nossos limites gerando mágoas e ressentimentos, pois se tivéssemos a coragem de olhar para esses limites e trabalhar o poder interior, jamais nos sentiríamos magoados ou ressentidos.

O medo gera o vitimismo por nos fazer incapazes de olhar e aceitar os desafios que nada mais são do que oportunidades de evolução e crescimento.

O medo faz com que fujamos da realidade porque nos impede de a encarar com dignidade, compaixão e discernimento.

O medo nos afasta dos sonhos, nos impede de seguir adiante, nos mantém submissos ao campo das ilusões do impossível, muito difícil ou inacessível, fermenta o campo da descrença e mutila a capacidade de visão e realização do Eu maior.

Como podemos perceber, o medo é o maior e mais cruel embusteiro que devemos conhecer para poder enfrentar com sabedoria e eficácia.

Há quem diga que o medo é necessário, mas necessário não é o medo é o cuidado, a precaução.

Cuidado para preservar a vida.

Cuidado ao atravessar a rua para não ser atropelado.

Cuidado ao descer a escada para não cair.

Cuidado ao lidar com o fogo para não se queimar e a lista vai longe, mas é o cuidado que preserva a vida e não o medo, o medo a aprisiona, cerceia e mutila.

**O MEDO É A PRISÃO QUE MANTÉM A VIDA LIMITADA!!!**

Lourdes Ganzeli

O MEDO transforma os sonhos em devaneios e tornam as mentes acovardadas, os corações carentes e as almas infelizes.

Transcender o medo é o caminho não só para a libertação, mas com ela, para o crescimento, a realização e a evolução.

A liberdade de olhar para dentro de si mesmo com coragem para encarar o que está oculto e precisa ser revelado, não para ser julgado, mas para ser curado, nos deixa mais fortes, humildes e poderosos, pois o verdadeiro poder traz a humildade de quem consegue olhar para sua sombra e superar seus limites.

Isso traz compaixão por si mesmo e pelo próximo, pois se é capaz de enxergar sua fraqueza, a do próximo passa a ser respeitada, faz crescer a empatia e com ela a solidariedade.

O poder revelado com humildade traz sabedoria, compaixão e amor incondicional. A vida fica mais leve, mais fluída e mais feliz.

Tudo o que precisamos para viver com saúde, felicidade e alegria é vencer nossos medos, as sombras que sabotam nossas realizações.

O medo tem uma força e uma capacidade de dissimulação extraordinária, enquanto se esconde nas sombras inconscientes ou na ignorância do nosso poder interior.

Quando nos municiamos do conhecimento necessário sobre o medo e aos poucos vamos fazendo contato com nosso poder interior, podemos superar quaisquer obstáculos e alcançar qualquer meta.

Uma característica interessante do medo é sua capacidade de disfarce que tem por finalidade não nos permitir descobrir a raiz da sua motivação.

**Só o conhecimento pode nos trazer o poder necessário para neutralizar a capacidade de ação do medo.**

Lourdes Ganzeli

Quando descobrirmos a verdadeira raiz do problema, meio caminho já foi andado para a superação.

Mas, mesmo quando não descobrimos a raiz, na medida em que aprofundamos nosso autoconhecimento e nos tornarmos mais autoconfiantes, os medos vão sendo superados à medida que nos permitimos acreditar que podemos superar o que quer que seja que nos decidamos a superar.

Novamente, segundo, Henry Ford, "se você pensa que pode ou que não pode, de qualquer forma você estará certo!"

Isso é tão certo quanto as minhas próprias superações, logo que me mudei para uma chácara, eu já tinha superado o medo de assalto, morava num bairro onde a maioria das casas eram para finais de semana, eu só tinha uma vizinha que ficava próxima da minha, mas, que havia um terreno entre nós.

Mesmo assim, eu chegava em casa de madrugada, não tinha portão eletrônico, por alguns meses também não tinha caseiro e eu não tinha medo de pegar estrada ou atravessar a cidade para chegar em casa sozinha de madrugada.

Mas, ainda tinha medo de cobra e, por morar na chácara, tinha também medo de aranha, mesmo porque quando mudei para lá tinham muitas aranhas em todos os cantos.

Uma vez estava assistindo TV e quando dei por mim uma aranha enorme, negra, bem peluda vinha andando em minha direção.

Eu paralisei, porque só tinha uma porta naquela sala e a aranha estava entre mim e a porta, eu não conseguia sair dali sem passar pela aranha.

Um medo terrível tomou conta de mim, eu morava sozinha, não tinha a quem chamar, não tinha nada por perto que pudesse usar para matar ou afastar a aranha.

Eu não sabia o que fazer, e sabia que teria que fazer algo. Não podia entrar em pânico, tinha que me virar sozinha..., mas como?

Comecei a rezar e pedir ajuda, escorreguei até o canto do sofá onde estava na esperança de conseguir manter uma distância razoável da aranha para que pudesse contornar o ambiente até chegar na porta.

Não sei quanto tempo se passou eu tinha a impressão que era uma eternidade e por não conhecer direito aquele tipo de aranha eu não sabia se era daquelas que conseguem saltar ou não... foi terrível, desesperador.

Fui me esquivando encostada nos móveis até conseguir chegar a uma distância que me permitisse alcançar a porta e sair dali o mais rápido possível.

Fui até a despensa peguei um inseticida e uma vassoura, despejei praticamente o frasco todo sobre ela, e nada... a danada era muito grande e o inseticida não conseguia matá-la.

Depois de quase acabar com o spray, a válvula já quase não funcionava a aranha ficou atordoada e já não tentava caminhar, foi quando me enchi de coragem e dei tantas vassouradas que a reduzi a muitos pedacinhos.

Só de contar lembro da sensação, foi horrível.

Mas, porque sabia que certas espécies de aranhas vivem sempre em casal, quem disse que eu ia conseguir sossegar e dormir, se não encontrasse a outra?

E o medo de procurar e achar?

Procurei por todos os cantos e nada... aí acabei desistindo.

Foi uma noite que só dormi por ter gasto toda a minha energia na procura de outra aranha que pudesse estar por ali.

No entanto, vejam que interessante, tempos depois, quando eu já tinha uma família trabalhando para mim, quando o caseiro me trouxe um cacho de bananas, assim que eu peguei o cacho um escorpião caiu do meio das bananas ao lado do meu pé.

Imediatamente eu pisei e matei o escorpião num ato impensado, totalmente reativo e sem medo.

Quem pode explicar?

Os medos são assim, o que é assustador para uma pessoa, é tranquilo de lidar para outra.

É por isso que medos são ilusões, crenças inconscientes de algo que nos apavora, mas, é por isso também que devemos aprender a superá-los.

E, o mais importante é que, à medida que superamos um medo, nos fortalecemos e aumentamos nossa autoestima e autoconfiança facilita o nosso encorajamento para superarmos um outro medo.

Isso vai-se tornando cada vez mais tranquilo, até que a gente consiga lidar com as situações de forma cada vez mais serena e tranquila.

Muitos anos se passaram, mas no começo deste, viajei com uma amiga para as Serras Gaúchas e vejam só que situações intrigantes eu vivi.

Estávamos na locadora aguardando a recepcionista preparar o contrato para pegarmos um carro quando ela chamou minha atenção para que eu desencostasse do balcão porque tinha uma aranha se aproximando do meu braço.

Eu vi e tirei o braço, achando muito estranho uma aranha naquele local, plena região urbana na área do aeroporto, numa locadora cheia de gente.

Estranhei, mas não cheguei a me assustar, só estranhei. Pegamos o carro e seguimos para Canela, ficamos num chalé super bonito e confortável, colocamos ali nossas bagagens. Organizamos as coisas e saímos para jantar.

Na volta conversamos um pouco e cada uma foi para seu quarto.

Quando eu levanto o edredom para entrar na cama uma aranha grande cinza escura correu para fugir, eu tomei um grande susto pois jamais esperava encontrar uma aranha entre as roupas de cama, num chalé tão limpo e organizado.

Peguei um travesseiro e comecei a "lutar" para matar a aranha que tentava salvar sua vida até que, com um golpe ela caiu no canto do quarto toda enrolada em si mesma.

Chamei minha amiga, contei o que havia acontecido e ela ficou tão chocada quanto eu, conversamos mais um tanto e a aranha lá no canto toda enrolada.

Finalmente depois de um tempo fomos dormir.

No dia seguinte quando acordei a aranha não estava mais lá...

Será que ela se fingiu de morta, por mais de uma hora até que eu fosse dormir e quando apaguei as luzes ela fugiu? Será?

No dia seguinte fomos ao Parque do Caracol estávamos na fila para entrar numa sala de exposição com protótipos de bichos de madeira que emitem sons iguais aos animais quando quis olhar ao redor para ver o que havia de interessante enquanto minha amiga aguardava na fila.

Eu andava procurando por placas e indicações quando ouvi pessoas de vários lugares tentando chamar minha atenção e mandando eu parar.

Quando percebi eu estava indo em direção a uma enorme tarântula que havia atravessado aquele pátio para se esconder num canteiro.

Eu quase pisei nela, ou pior podia passar raspando e ela me picar.

Essa viagem foi realmente um grande desafio, só não dei de cara com uma cobra, mas, por 3 dias seguidos estive sendo assediada por aranhas e por outras vezes desafiando as alturas nos parques da cidade.

Apesar de já ter superado o medo da altura há algum tempo eu não gosto de montanha-russa nem nada que viaje rápido, que chacoalhe muito e que junto a isso tudo esteja longe do chão.

Para conhecer o parque direcione a câmera para o QR CODE

Mas, minha amiga queria e insistiu muito para que fôssemos no Alpen Blizzard, a montanha-russa do Alpen Park, apesar de não gostar, topei o desafio, depois fomos no Alpen Turbo Drop, aquela torre onde as cadeiras vão subindo enquanto giram devagar e depois despencam lá de cima.

Em seguida fomos no trenó, cada uma, num deles, apesar de que na foto, parece que o trilho fica baixo, em alguns pontos a altura é bem grande e os trechos bastante íngremes.

No dia seguinte fomos ao Parque da Ferradura, hoje SkyGlass e andamos na plataforma de vidro que fica a 360 metros de altura do Rio Caí, onde curti a alegria da superação mais uma vez.

Para conhecer o parque direcione a câmera para o QR CODE

Poucas coisas são tão prazerosas quanto superarmos nossos medos e com isso nos sentirmos muito mais poderosos e capazes. A cada novo desafio superado, mais empoderamos a autoestima e a autoconfiança.

**Conhecimento é poder em potencial e autoconhecimento é o canal para a superação de todos os medos.**

Lourdes Ganzeli

Quando superamos um medo, crescemos, a autoestima se fortalece, nos sentimos mais aptos a novas realizações e fortes para novos desafios.

Tudo o que precisamos na vida é de coragem, conhecimento e fé, aliás, a coragem é filha da fé.

A fé pode ser alcançada por meio da religião que nada mais é do que sua religação com seu Eu Maior, seu Deus interior ou por meio do conhecimento, pois ele clareia o que está escondido e dá o suporte para lidar com o que for encontrado.

# CAPÍTULO 17
## ESCOLHAS E DECISÃO

## ESCOLHAS E DECISÃO

Se pensarmos na fala de Lucas "Pois onde estiver o vosso tesouro, aí estará também o vosso coração." (Lc 12,34)

O versículo acima nos leva a meditar sobre o tipo de tesouros que temos cultivado, se nosso coração está habitado por tesouros de paz, fé, esperança, alegria, coragem e otimismo, ou se cultivamos medo, insatisfação, frustração fazendo com o possível tesouro seja destruído.

**Onde está sua mente, aí está o seu coração e sua energia.**
**É com a união dos dois que construímos nossa realidade.**

Lourdes Ganzeli

De qualquer maneira Deus só pode fazer por nós o que for feito por meio de nós. Ele nos dá o livre arbítrio e respeita nossas escolhas, sejam elas conscientes ou não.

Ou seja, Deus nos dá infinitas possibilidades para que possamos cultivar o bem em nossas vidas, mesmo na lida com situações em que a situação fuja do nosso controle, o melhor a fazer é fazer o nosso melhor e tudo o que não pudermos fazer, entregamos a Deus, pois Ele é o Deus do impossível.

Portanto, fazemos nossa parte e o que está fora do nosso alcance Ele fará, porque o verdadeiro Deus É o Deus do Amor e o contrário do Amor é o Medo, e não o ódio, como muita gente pensa.

Se Deus é Amor, ele nos inspira e motiva a que tenhamos fé e coragem.

Então, quem nos tenta envolver com o medo?

A resposta bem que poderia ser o malévolo, aquele que certamente quer nos ver imersos em dor e sofrimento que é tudo o que o medo nos traz.

Pensar nisso pode fazer uma grande diferença e servir de lembrete cada vez que um medo tentar nos envolver. Podemos perguntar: quem vem lá?

Quem é que está tentando nos envolver? E então, escolhemos no lado de quem queremos ficar, Deus ou o .... Sempre temos escolhas.

A cada nova escolha, um novo resultado, quando superamos um medo, percebemos que afinal o motivo que nos levava a sentir medo não era tão surreal, o medo era mais uma ilusão do que o problema em si.

É a mente que cria, assimila, absorve os medos, muitos deles nem são nossos, são de nossos antepassados ou do inconsciente coletivo que divulgados pela mídia nos contagiam e envolvem nessa penumbra que nos mantém cativos e acovardados.

Onde está sua mente, ali está seu coração e onde está seu coração estão os seus tesouros.

A mente contaminada pelos medos, espreita o coração que fica à mercê dos tesouros, deixa de possuir para ser possuído por eles.

Se o seu tesouro é sua empresa você fará tudo por ela, investirá tudo nela, se dedicará totalmente a ela, relegando sua vida, sua família, o convívio com amigos, em prol da empresa.

Se seu tesouro é seu marido, dedicará toda sua atenção a ele, deixando sua vida pessoal, a carreira, os amigos em prol do marido.

Se o seu tesouro é seu filho, o medo faz com que você se dedique integralmente a ele, mimando, ajudando, confortando e relegando sua vida conjugal e pessoal por causa do filho.

O medo cega as pessoas e as impede de ver a realidade e de distribuir seu tesouro entre todas as coisas e as pessoas que agregam valor à sua vida.

Como no exemplo da mãe que tem como seu tesouro o filho, ela faz tudo por ele, o ama, adora, entrega, ao mesmo tempo que morre de medo de perdê-lo para a vida, para o mundo, para outra pessoa, para a profissão.

Dessa forma vai se tornando manipuladora, controladora, cerceia sua liberdade com medo de vê-lo levantar voo.

O resultado será um filho mimado, exigente, covarde ou manipulador, pois jamais teve oportunidade ou estímulo para lutar pelo que quer.

Ele mesmo se tornará uma pessoa egocentrada e incapaz de valorizar o amor e a dedicação que a mãe lhe ofertou, pois consciente ou inconscientemente vai cobrar dela a liberdade que não teve e as oportunidades de evolução e crescimento que lhe foram negadas.

**Conhecerás a verdade e a verdade vos libertará.**

João 8:32

Os medos, sejam eles quais forem: da morte, da solidão, do abandono, da doença, da perda de um emprego, da falência, da não superação de um problema, enfim, são sempre impedimentos que sabotam e mantém no escuro as verdadeiras causas da insegurança.

Portanto:

O medo é a ilusão criada pela mente para encobrir a raiz de um problema do qual, na maioria das vezes, não temos consciência e conscientes ou não, nos sentimos inseguros para poder solucionar.

# CAPÍTULO 18
## A FREQUÊNCIA MENTAL E OS MEDOS

## A FREQUÊNCIA MENTAL E OS MEDOS

Medo é energia, tudo é energia, cada emoção, pensamento ou sentimento é uma energia que flui numa determinada frequência.

Quando vibramos numa determinada frequência, tudo o que estiver vibrando naquela mesma frequência entra em sintonia conosco.

Ou seja, atraímos tudo aquilo que vibra na mesma frequência.

Se vibramos medo, atrairemos mais motivos para ter medo.

Se vibramos amor, atrairemos mais amor, e assim por diante. Como tudo é assim, ouvimos que é o amor e não o ódio que vence o medo.

Muito lógico, porque se vibramos na energia do ódio, atraímos mais ódio.

Jamais vamos conquistar e desenvolver a coragem enquanto estivermos vibrando na frequência do medo.

Nenhuma mudança se faz de repente, salvo quando conseguimos dar um salto quântico.

Toda mudança começa com uma nova atitude, que pede um novo conhecimento ou constatação.

É como diz o velho ditado "a caminhada de 1.000 km começa com o primeiro passo" Toda grande conquista exige conhecimento, determinação, foco, perseverança e coragem.

A coragem nada mais é do que uma habilidade que deve ser desenvolvida.

Para que conquistemos essa nova habilidade, é necessário que haja vontade, foco e perseverança.

Vontade é o motor de qualquer ação, foco é a frequência vibrando na meta a ser conquistada e a perseverança é a manutenção dessa frequência pelo tempo necessário até que a meta seja conquistada.

Como tudo é energia e energia é uma frequência vibratória, a manutenção dessa frequência é bastante instável no começo porque a tendência natural de todo ser humano é manter-se na zona de conforto.

**Vontade é o motor de qualquer ação, foco é a frequência vibrando na meta a ser conquistada e a perseverança é a manutenção dessa frequência pelo tempo necessário até que a meta seja conquistada.**

Lourdes Ganzeli

O cérebro é preguiçoso, nem tanto por gostar demais do ócio, mas principalmente porque tem funções demais para exercer e precisa de muita energia para isso.

Como já foi dito, o cérebro racional é o que tem a capacidade de discernimento, ali é que são feitas as escolhas, os aprendizados, as criações, os projetos, enfim, portanto é ele que deve escolher e Administrar o que os outros (mamífero e reptiliano) devem fazer.

Acontece, porém, que o cérebro emocional (mamífero) e o reptiliano são mais antigos, portanto, têm precedência sobre o racional. Ou seja, é muito mais fácil sermos capturados por uma reação instintiva ou uma atitude emocional, do que administrarmos essas ações.

É necessário então que possamos manter o foco, a firme intenção e a perseverança para que aos poucos a gente consiga ir educando o cérebro emocional e adestrando o reptiliano.

Isso demanda algum esforço, algum tempo e muita dedicação, mas o resultado, com certeza, vale muito a pena.

A mesma energia que usamos para nutrir o medo, podemos e devemos usar para buscar uma solução para o problema.

O foco muda tudo, onde está o foco, está nossa mente e onde está a mente está o coração.

O coração é um grande gerador de energia, o maior e mais potente que temos.

Por esse motivo é muito importante nos desconectarmos de todos os geradores de tensões, medos e angústias, pois há um inconsciente coletivo que nos une, é como uma rede de energia que agrega a todos que estão na mesma frequência.

Pessoas negativas que reclamam e criticam o tempo todo, jornais, revistas e programas que divulgam violência, crises, assassinatos, filmes e jogos violentos, contaminam o ambiente e se espalham por meio do inconsciente de cada pessoa envolvida nessa rede.

Direta ou indiretamente todos estamos envolvidos nessa rede, nesse inconsciente coletivo, quanto mais nos assemelharmos em emoções e energia, mais identificados ficamos e mais facilmente somos atingidos por essa energia negativa que gera medo, ansiedade, e mais violência, afinal, a raiva e a violência são filhas do medo.

Tanto a raiva quanto a violência estão ligadas ao medo de perdas, de não aceitação, do isolamento e da morte.

Tanto pensamentos quanto emoções e sentimentos são geradores de energia.

Lembrando que emoções são rápidas, vêm do inconsciente, são reações a determinados estímulos.

São produzidas nos cérebros reptiliano e no emocional, chegam capturando toda a atenção e nos envolvendo quase que por completo, estão associadas ao medo, a raiva, aos ciúmes, a inveja, enfim, são geradoras de tensões e insatisfações.

Fazem parte da humanidade desde os primórdios de sua história e têm a ver com a sobrevivência e imposição do poder.

Já os sentimentos, são produtos do coração, são construídos, com base no conhecimento, na memória, na percepção e no julgamento.

Quando uma pessoa está consciente da energia emanada pelas emoções, têm poder para escolher o que cultivar como sentimentos.

Tanto podemos cultivar sentimentos de amor, compaixão, perdão, aceitação, gratidão, como sentimentos de rancor, ressentimento, mágoa, entre tantos outros.

Quanto mais cultivamos sentimentos positivos e harmoniosos, mais saúde, paz, serenidade, força interior e coragem construímos em nossas mentes.

Pensando que todos os sentimentos positivos estão, de alguma forma associados ao amor incondicional, desenvolvemos mais empatia, solidariedade, afeto, carinho, bondade e fraternidade em nossas vidas.

Esses sentimentos por si já fortalecem nossa autoestima, e com ela a autoconfiança, isso, por sua vez, aumenta muito a nossa coragem e a capacidade de vermos as coisas por vários aspectos diferentes.

Essa habilidade nos traz qualidades produtoras de energias cada vez mais positivas e podem ser desenvolvidas a qualquer momento.

Tanto emoções quanto sentimentos deixam registros energéticos nos ambientes onde acontecem.

É por esse motivo que se houver uma briga num ambiente, e chegamos em seguida, mesmo que não tenhamos visto nem ouvido a discussão percebemos uma energia densa no ar, isso não tem absolutamente nenhum cunho esotérico ou místico, a física quântica já comprova essa característica.

Emoções e sentimentos deixam registros nas pessoas, nas plantas, nos animais, nos utensílios e nos ambientes.

Esses registros podem ser em forma de medo, angústia, alegria, bem-estar ou mal estar.

Quando uma determinada emoção ou sentimento é registrada com certa frequência num determinado ambiente, ela vai se densificando e torna-se um campo energético facilmente perceptível.

Se foi emoção que aconteceu, gerou tensão, se foi sentimento um sentimento positivo, gerou bem-estar.

É por isso que é possível sentirmos sensações agradáveis ou desagradáveis ao entrar num ambiente em que nunca estivemos antes.

As emoções densas geralmente cristalizam padrões negativos que vão despertar algum tipo de medo.

# CAPÍTULO 19
## CAMPOS ELETROMAGNÉTICOS

## CAMPOS ELETROMAGNÉTICOS

Tanto emoções, quanto sentimentos e pensamentos, geram campos eletromagnéticos que atuam por ondas e se comunicam e influenciam tudo que estiver vibrando na mesma frequência.

As ciências mais atuais estudam e comprovam esses campos de energia, a mente individual, a mente coletiva e a conexão entre elas.

A epigenética e a imunoneurologia são duas ciências que comprovam a existência desses campos energéticos gerados pelos seres humanos.

Por isso é muito importante mantermos o equilíbrio de nossos pensamentos e sentimentos, uma vez que eles vão gerar um padrão de energia que vai se identificar e atrair a energia que vibrar na mesma frequência.

Dessa forma, se acontecer de entramos em contato com um ambiente, pessoa ou situação muito negativa, que poderá gerar medo e ansiedade em qualquer pessoa, se estivermos com nossa energia fortalecida positivamente, conseguiremos evitar ou neutralizar essa energia externa, que de outra maneira poderia nos contaminar.

Como nem sempre estamos totalmente positivados, podemos estar cansados, ansiosos ou estressados por qualquer motivo, ao entrar em contato com um campo denso ou negativo, seja de um ambiente, uma situação ou pessoa, podemos nos mentalizar envoltos por um escudo de luz azul muito forte e resplandecente que nos proteja para que não sejamos atingidos por aquela energia negativa.

A cor azul traz quietude e paz à mente deixando o corpo mental em repouso, remove as ideias obsessivas e padrões comportamentais reduzindo as tensões. Transmite paz, serenidade, aconchego, sentimento de proteção, perfeição e sinceridade. É calmante em situações emotivas.

Também podemos nos mentalizar dentro de uma bolha cercada por fogo que queima qualquer energia negativa que tente nos atingir.

Interessante que para a mente, aquilo que é pensado existe naquele momento, quando pensamos que estamos dentro de uma bolha cercada por fogo, mesmo que a gente não consiga visualizar, a mente sente a energia e provoca a ação devida para aquele momento. Ela realmente "queima" a energia negativa que está ao nosso redor.

Também podemos criar um símbolo pessoal que nos envolva e proteja, a mente tem poder para isso, basta que coloquemos nossa atenção, foco e energia a nosso serviço para que sejamos protegidos.

Outra opção é para as pessoas religiosas que creem em seus mentores espirituais ou anjos da guarda, elas podem também invocar sua presença e proteção, que certamente estarão protegidas.

Muitas são as pessoas que invocam pelo manto sagrado de Jesus ou de Nossa Senhora que as envolva e proteja.

A percepção do que está à nossa volta também é uma maneira de neutralizar o medo, perceber as sensações físicas que se tem ao sentir o medo.

Está no livro sagrado: "Faça-se segundo a sua fé". Portanto, como dizia Henry Ford: "Se você acredita que pode ou que não pode, de qualquer maneira, você está certo."

Isso é conhecimento, sem ele fica muito mais difícil superar qualquer obstáculo, não só o medo.

Entender como funcionam os corpos físico, mental e emocional é o mínimo necessário para que possamos construir uma vida saudável e feliz.

Campos eletromagnéticos são campos de força, de energia, vibram em frequência de ondas, como as ondas do rádio e da TV.

Nós emitimos campos eletromagnéticos por meio dos pensamentos, das emoções e dos sentimentos.

O pensamento é elétrico e é condutor de energia, as emoções e os sentimentos são magnéticos, portanto, magnetizam e atraem energia.

Esses campos que emitimos por meio dos nossos pensamentos e sentimentos viajam pelo universo e se fortalecem à medida que são alimentados com mais pensamentos e sentimentos da mesma espécie.

Portanto quanto mais pensamos em situações que nos fazem sentir medo, mais alimentamos esse campo eletromagnético, que vai viajar pelo universo numa determinada frequência de onda e quando ele estiver maduro, fortalecido, ele retorna até nós com toda sua carga de energia.

Essa energia vai atrair mais energia da mesma qualidade, que vem magnetizada, potencializada e vai possibilitar que situações da mesma frequência que emitimos venham a se materializar.

Então, se vibramos energia de medo, atrairemos situações que irão nos fazer sentir mais medo.

O Universo só diz sim e sempre teremos mais do mesmo.

Agora percebo com mais clareza um versículo que achava muito injusto, justamente porque eu não entendia o quanto isso é verdadeiro.

**Pois à pessoa que tem, será dado ainda mais, e terá em abundância; mas à pessoa que não tem, será tirado até o pouco que tem.**

Fica fácil de entender até mesmo como funcionam os medos, se observarmos esse versículo.

Quanto mais alimentamos nossos medos, mais eles crescem, quando deixamos de alimentá-los eles vão enfraquecendo até desaparecerem.

Assim é com tudo, quando estamos saudáveis temos muita energia e vitalidade e mais disposição para fazer atividades físicas, e tomar atitudes saudáveis, portanto temos sempre cada vez mais saúde.

Quando estamos meio adoentados, cai a vitalidade e chega o desânimo, não temos mais energia para atividades físicas, a musculatura enfraquece, e vamos nos sentindo cada vez mais doentes.

Outro exemplo fácil de perceber como isso funciona é prestar atenção que aquelas pessoas que têm muito dinheiro, quando aparece uma oportunidade para um novo empreendimento, vão ao banco para levantar um empréstimo e conseguem facilmente o empréstimo desejado porque têm garantias e aplicações financeiras.

Esses que já são ricos ficarão ainda mais ricos.

Aqueles que estão desempregados, devendo na praça se forem ao banco para pedir um empréstimo mesmo que seja para pagar o aluguel do mês, não vão conseguir porque não tem dinheiro aplicado nem garantias.

Esses que estão pobres, ficarão cada dia mais pobres.

A menos que tenham uma tomada de consciência e mudem radicalmente a forma de pensar e sentir e tomem novas atitudes com foco na superação e nas possibilidades.

Mudando o foco, o pensamento e as emoções, mudamos a frequência e o campo energético e passamos então, a atrair novas possibilidades.

Todos esses conhecimentos enriquecem a mente e o coração e os preparam para aceitar e entender o porquê da metodologia desenvolvida para neutralizar os medos.

Quando o cérebro entende como algo funciona fica muito mais fácil fazer uso de técnicas que, mesmo dando certo trabalho a ele no início, trarão excelentes resultados mais tarde.

A mente consciente sabe dos males que os medos fazem para o corpo, para os relacionamentos e para a vida, só não sabe como resolver isso.

Quando trazemos informações consistentes e exemplos práticos de superação, ele aceitará os exercícios e estará consciente do trabalho que deverá enfrentar para que possa ter um ótimo resultado.

No capítulo a seguir você vai descobrir a importância do autoconhecimento na superação dos medos.

# CAPÍTULO 20

## AUTOCONHECIMENTO

## AUTOCONHECIMENTO

Só com autoconhecimento podemos nos observar como expectadores e reconhecer quais são as melhores ferramentas que podemos desenvolver para neutralizar nossos medos e superar nossas dificuldades.

Com autoconhecimento empoderamos nossa capacidade de enfrentamento dos medos, e medos controlados são forças de ação que são disponibilizadas para a conquista de novas metas e ideais.

Autoconhecimento é trazer consciência a quem somos, é iluminar a mente e o coração.

É dar poder e autoridade à nossa autoconfiança e à nossa autoestima é criar a nossa melhor versão de nós mesmos, é transformar bloqueios em pontes, despertar o ser maior que habita dentro de nós e aguardar o momento certo para vir à luz.

## CONSCIENTIZAÇÃO IDENTIFICANDO AS RAÍZES DO MEDO

Uma maneira de trabalharmos o autoconhecimento é fazermos uma análise muito detalhada do medo que temos que enfrentar.

Pegue um papel, um lápis, divida a folha ao meio no sentido vertical, na coluna da esquerda, coloque na primeira linha o medo que quer trabalhar.

Em seguida, busque na sua memória as causas que você acredita que podem ter gerado esse medo, às vezes eles podem ter tido várias causas e coloque na primeira linha da coluna da direita.

Feito isso, na coluna da esquerda escreva tudo o que você pode conquistar após superar o seu medo, coloque cada item numa linha.

Na coluna da direita faça uma relação de todos os problemas que são criados por esse medo.

**Exemplo:**

**MEDO DE NADAR**
**Causa:** caí na piscina quando era criança

O que você pode conquistar ao superar esse medo:
Aproveitar melhor a praia ou a piscina.
Viajar de barco ou navio.
Passear de caiaque ou catamarã
Elevar a minha autoestima

**Quais são os problemas criados por esse medo?**

Rebaixa minha autoestima
Me sinto humilhado
Fico envergonhado
Me sinto um estraga prazeres quando amigos, ou a namorada querem entrar no mar ou na piscina.
Perco oportunidade de ter bons momentos.
Algumas pessoas zombam de mim por causa do medo.

Procure todos os argumentos para serem colocados tanto na relação dos obstáculos causados pelo medo, quanto das conquistas realizadas após a superação do medo.

Imagine tudo o que poderia fazer e sentir caso não tivesse o medo, imagine-se superando o medo com serenidade e conquistando todas as benesses que essa superação lhe trará.

Esse exercício será muito importante e deverá integrar os que forem explicados mais adiante.

Logo a seguir veremos que o medo não resiste a ação do AGORA, no momento de exercitar o agora numa situação de medo, se alguma emoção do medo tentar se instalar na mente, imediatamente lembre-se deste exercício e traga à mente as energias positivas que você sentiria se não existisse o medo, ou como se sentirá ao conseguir superá-lo.

É muito importante mentalizar diversas vezes este exercício de identificação das raízes do medo, primeiro para constatar que o que causou o medo pode ter sido criado por seus pais ou terceiros significativos, ou seja, eles não te pertencem, foram absorvidos.

Ainda refletir no caso de algum trauma do passado ter originado o medo, o passado já passou, AGORA é outro momento, o passado já não existe mais, a não ser na sua mente e a mente cria ilusões...

Caso não tenha conseguido identificar a causa, uma boa terapia pode ajudar, especialmente a hipnose ou trabalhos com a linha do tempo, entre outras, terapias são sempre excelentes ferramentas a serem utilizadas.

É necessário que possamos manter o foco, a firme intenção e a perseverança para que aos poucos a gente consiga ir educando o cérebro emocional e adestrando o reptiliano.

Isso demanda algum esforço, algum tempo e muita dedicação, mas o resultado, com certeza, vale muito a pena.

Busque na memória tudo o que você viu ou ouviu durante a sua primeira infância, se você ouvia de alguém importante que a piscina, o mar, o lago ou o rio eram perigosos e que você poderia se afogar, seu subconsciente registrou essa informação como verdadeira, ou seja, nadar é perigoso e coloca sua vida em risco.

Você era criança e não tinha ainda desenvolvida sua capacidade de análise, portanto aceitou como verdadeiro o fato de que nadar coloca sua vida em risco.

Talvez você ainda fosse muito pequeno e estava perto da piscina quando sua mãe, ou alguém muito importante para você, achou que você pudesse cair e gritou para você se afastar, você se assustou e imediatamente cristalizou o medo da água, de se afogar.

Talvez sua mãe ou alguém importante para você tivesse medo de nadar e você espelhou esse medo, lembra dos neurônios-espelho, que já vimos anteriormente, pois é, também aprendemos a ter medo por meio deles.

Outra coisa que pode ter acontecido seria você ter tomado um "caldo" no mar ou na piscina e quase se afogou, isso criou um trauma e cristalizou o medo de nadar.

Uma hipótese que não pode ser descartada é ter absorvido esse medo durante a gestação, os medos podem ser transmitidos pelo DNA, conforme vimos num capítulo anterior.

No caso de você ter se submetido a um transplante de órgão, não podemos esquecer das memórias celulares, assim os transplantados podem herdar o medo do doador.

Ainda existe a possibilidade de termos trazido esse medo de um fato acontecido numa vida passada e, apesar de inconsciente ele se manifestar.

Depois de esgotadas todas as possibilidades da origem do medo, seja ela qual tenha sido, é importante observarmos que, para o cérebro e para a mente não existe passado, nem futuro, tudo é agora.

Portanto, diante de qualquer possibilidade de um fato que nos causa medo acontecer ou apenas ter a possibilidade de acontecer para nossa mente ele já está acontecendo.

Isso já desperta uma séria de reações físico-químicas no organismo porque o cérebro reptiliano já envia sinais de perigo para os mais diversos sistemas corporais e imediatamente começam a produzir hormônios que nos permitam lutar ou fugir.

Esses hormônios alteram a respiração e a circulação, por isso o pensamento fica embotado, não conseguimos raciocinar com clareza, o sangue se movimenta para pontos estratégicos do corpo para que possamos enfrentar o inimigo ou fugir dele.

Sentimos a palpitação no coração, as "borboletas" no estômago, a respiração curta e rápida, podemos sentir o suor nas palmas das mãos entre outros sintomas.

São os sinais de alerta provocados pelo medo.

Se alimentamos o medo e essas reações começam a acontecer com certa frequência, alguns sistemas corporais ou certos órgãos de choque acabam sendo danificados e podem adoecer.

Para evitar que isso aconteça nada mais inteligente e importante do que nos abastecermos de técnicas e métodos para superarmos ou ao menos controlarmos os nossos medos.

Nos próximos capítulos veremos algumas técnicas para ressignificar os medos, lembrando que tenha ele a origem que tiver já passou, não existe no momento presente.

O que pode existir se você permitir é que ele ressurja do inconsciente, para que isso não aconteça é necessário ressignificar esse medo, as técnicas demonstradas nos próximos capítulos são extraordinárias, simples e efetivas.

# CAPÍTULO 21
## CONSCIENTIZAÇÃO

## O MEDO NÃO RESISTE AO AGORA

Medo é emoção que aflora sem que a gente tenha controle, quanto mais deixamos que ele se expresse, mais ele cresce e nos domina.

O medo é uma emoção como outra qualquer, se nós o alimentamos ele cresce, se não o alimentamos ele acaba definhando, assim é com tudo.

Portanto, a escolha é nossa.

Às vezes um determinado episódio na vida pode gerar medo no futuro, um trauma ou uma fobia, como no caso, por exemplo de um acidente ou um assalto.

É necessário tomar consciência das sensações físicas, como já descritas anteriormente, que podemos sentir quando surge uma crise de medo.

Nessa hora a primeira forma de dominar o medo é se conscientizar que no AGORA, o medo não se mantém, porque no agora só existe o agora, nada que possa amedrontar, uma vez que o medo é sensação criada pela mente por uma possibilidade de que algo aconteça.

Nenhuma emoção negativa resiste ao AGORA.

Pare e pense o que é que estou sentindo agora?

Você notará um sentimento neutro, uma expectativa de saber qual é o sentimento. Mas se você PENSAR num sentimento ele surgirá imediatamente, a física quântica explica que é o olhar do observador que altera o observado.

Assim, se focarmos num pensamento alegre, virão imagens alegres à nossa mente e imediatamente surgirá o sentimento de alegria.

Caso nosso foco se volte para um acontecimento desagradável, a imagem mental do fato nos trará o mesmo sentimento percebido quando o fato aconteceu.

Para a mente não existe o real diferenciado do imaginário, todas as imagens são reais e produzem emoções ou sentimentos condizentes com o que foi visualizado, lembrado ou imaginado.

Quando sentir algum tipo de medo, pense (com isenção emocional) qual será meu próximo pensamento?

Perceba a sensação de neutralidade.

Isenção emocional.

Você sairá da condição de medo de imediato, se fizer esse exercício, lembre-se que o medo é uma ilusão da mente.

É a forma mais prática de se manter no agora, inspirar profundamente e em seguida expirar profundamente, liberando todo o ar dos pulmões, a respiração nos coloca em contato com nossas emoções e quando expiramos profundamente, estamos eliminando o medo.

Essa é uma respiração sem pausas, inspira e em seguida expira, isso leva uma grande quantidade de oxigênio para o cérebro, pode-se até sentir algum formigamento na cabeça ou nas mãos, mas é a energia circulando, nada para preocupar.

Esta respiração é feita só pelo nariz, inspira e expira pelo nariz.

Uma sequência de quatro ou cinco respirações é suficiente para neutralizar o medo.

Para potencializar esse trabalho, pode-se focar a atenção na região do coração, mais precisamente no timo, ou chacra cardíaco, mentalizando uma luz branca ou a palavra "calma" ou a palavra "paz" como se fossem mantras sendo repetidos.

Normalmente quando a pessoa se deixa paralisar pelo medo, a tendência é travar a respiração, porque travando ela não sente, mas a hora que respirar, a respiração será rápida, pois estará sem fôlego e sem controle, sem capacidade de oxigenar o cérebro e dar-lhe condições de agir com discernimento.

## RESPIRAÇÃO ATENTA

A respiração longa e ininterrupta impede que isso aconteça enquanto neutraliza o efeito do medo. Pode acontecer que durante esse procedimento, a pessoa sinta vontade de chorar, isso é possível, pois ao entrar em contato com as emoções por meio da respiração, acontece o desbloqueio dessas emoções e o choro aparece.

Chorar faz bem, pois libera uma emoção que estava presa.

Nesse caso é interessante repetir a respiração por mais duas ou três vezes, sempre de forma profunda, prolongada e nasal.

Devemos ter em mente que a respiração curta e ofegante, que geralmente acontece durante uma crise de medo, leva pouco ar para os pulmões e consequentemente, pouco oxigênio para o cérebro (entre outras consequências) essa falta de oxigênio faz com que o cérebro fique entorpecido, sem condições de atuar da melhor maneira, nesse momento o cérebro reptiliano e o emocional tomam conta da situação e atuam de maneira quase sempre desastrosa.

**RESPIRAR LENTA E PROFUNDAMENTE ALGUMAS VEZES É ESSENCIAL.**

## LEMBRETE

Lembre-se que essas duas partes do cérebro, o reptiliano e o emocional agem por instinto, não racionalizam, não fazem escolhas embasadas na sensatez, mas sim pelo instinto de sobrevivência ou de forma emocional.

É quando acontecem os sequestros emocionais e muitas vezes podem acontecer os famosos "pitis" ou "escândalos" gerando ataques de pânico ou ao contrário a paralisação de toda e qualquer reação, a depender do sistema nervoso de cada um e da intensidade do medo.

É por isso que algumas pessoas são capazes de reações grotescas ou mesmo ridículas aos olhos dos outros por medo de uma barata, um rato ou outro motivo, que, para quem não sofre daquele medo, pode parecer um exagero.

# CAPÍTULO 22
## TELA MENTAL

## TELA MENTAL

Outra maneira de eliminar o medo é um procedimento muito simples e que pode ser feito por qualquer pessoa, até mesmo por uma criança, trata-se de um exercício que inclui técnica de programação neuro linguística.

Imagine o medo, imagine que o medo esteja na sua frente não importa qual seja o tipo de medo, pode ser de algo, uma cobra por exemplo, ou de uma situação, o marido brigando por um determinado fato, o patrão despedindo você, a criança tirando zero na prova, são só exemplos, pode ser qualquer coisa.

Imagine o medo na sua frente e tire uma foto dele mentalmente ou simplesmente congele a imagem.

Pegar a foto e colocar exatamente na sua frente, olhar para ela e diminuir a imagem como se ela fosse encolhendo, encolhendo até ficar bem pequena e ir sumindo, ela fica do tamanho de um grãozinho de areia.

Imagine como se a foto que continha a imagem ou a tela onde a imagem foi congelada, fosse ficando branca à medida que a imagem fosse encolhendo, até que só reste a tela branca.

Uma vez que a imagem encolheu tanto que nem aparece mais na tela, pegue-a na sua mão e assopre como se fosse tirar uma sujeira.

Imagine, veja uma poeira voando pelo universo e se dissipando, pronto.

Sinta que aquela cena perdeu sua força, portanto aquele medo também.

Em seguida imagine uma tela em branco e uma nova imagem exatamente como você quer se sentir assim que tiver dominado totalmente esse medo.

Agora essa nova imagem te enche de alegria e poder, você se sente feliz e orgulhoso por essa superação e conquista.

Olhe bem para essa nova imagem, observe os detalhes, as cores, se conseguir sinta o cheiro do ambiente. Sinta o prazer de olhar para aquilo que representa a sua conquista.

Quando a imagem estiver muito nítida, congele como se fosse uma fotografia.

Em seguida pegue essa "fotografia" e coloque-a dentro do seu coração.

Sinta a alegria e a gratidão pela conquista e diga a si mesmo: "Eu escolho guardar esta imagem na minha mente e no meu coração e me sentir exatamente dessa maneira todas as vezes que enfrentar um desafio como este!".

Pode-se imaginar a superação total do medo, por exemplo se a pessoa tem medo de falar em público, ela pode se imaginar fazendo um discurso para uma plateia ou liderando uma reunião num grupo de trabalho. E faz isso sentindo-se poderosa, totalmente à vontade, conquistando o olhar atento de todos os expectadores que dão sinais de aprovação, respeito e admiração.

Esse exercício deve ser repetido até que a pessoa não consiga mais visualizar a imagem da cena que lhe dá medo, ou que a veja desvanecida sem nenhum apelo emocional e a imagem da superação seja muito forte, surja rapidamente e traga uma sensação de vitória.

Se o medo é de altura, a pessoa pode se imaginar nessa tela branca, voando de asa delta, saltando de paraglider ou escalando o pico de uma montanha, mas imaginar-se muito maior do que se é na realidade, muito mais corajoso e com grande alegria e felicidade por realizar essa proeza.

Qualquer que seja o motivo do medo, na tela branca deve-se visualizar esse medo insignificante, muito menor, ineficiente e a si mesmo muito maior, mais forte e poderoso, com grande prazer e alegria por eliminar o objeto do medo.

O cérebro não distingue entre o real e o imaginário, portanto no momento do exercício, pode-se até sentir o coração bater mais rápido, pois estamos entrando em contato com o medo, por esse motivo devemos continuar na respiração longa, para permanecer no AGORA, e aumentar a nossa força com a imaginação e diminuir o poder do medo, mesmo que de forma imaginária.

Lembrando sempre que, para a mente, a imaginação é a realidade, tanto que se pensamos em algo que sentimos medos, mesmo que aquilo não esteja acontecendo no momento, sentiremos medo.

Portanto, se imaginarmos que somos fortes, valentes, poderosos e corajosos, para nossa mente seremos mesmo, a menos que a mente racional interfira, questionando e nesse caso, o mais importante a fazer é insistir e perseverar, porque o subconsciente só vai ressignificar aquele medo por meio da repetição.

Para o cérebro e para nossos sistemas de crenças esse exercício terá o mesmo valor de um acontecimento real.

Caso o medo seja tão intenso que não se consiga visualizar a tela branca com a cena de superação, pode-se simplesmente imaginar algo que lhe traga muita segurança, pode ser um bebê, um campo florido, algo muito agradável, um momento do passado onde foi vencido um grande obstáculo ou houve a superação de um problema.

Enfim, uma imagem muito positiva e que traga uma ótima sensação de bem-estar.

Escolhida a imagem, veja-a crescer na sua frente, mentalize a imagem crescendo, crescendo,

crescendo ao máximo, nesse momento juntar as pontas dos dedos das duas mãos e colocar sobre o cardíaco (no centro do peito um pouco acima do coração), essa é a região do amor incondicional, onde existe amor, não existe medo, essa é a região que neutraliza o medo.

Portanto, enquanto mentalizam a tela aumentando, colocar os dedos juntos das duas mãos encostados ao timo (região do chacra cardíaco), continue respirando profundamente, agora mais serenamente enquanto mentaliza a imagem na tela mental.

Outra maneira de fazer esse exercício é simplesmente, depois de mentalizar o que lhe traz segurança na tela mental, imaginar essa tela crescendo, crescendo e deslocar essa tela para que fique na frente da tela anterior que agora está muito pequena. Congelar a imagem da tela grande e segura na frente daquela anterior e bem pequena.

As duas formas funcionam muito bem.

Dependendo do tamanho desse medo ou de quanto tempo nós o nutrimos, pode ser necessário repetir o exercício algumas tantas vezes, mas a cada vez, percebemos que o medo diminui bastante até que possamos fazer o exercício com muita facilidade e neutralizarmos de vez esse medo.

Em geral o cérebro leva 21 dias no mínimo para ressignificar um medo ou uma crença, mas, esse período pode variar de 30 a 60 dias, eu costumo indicar que sejam feitos por 3 meses, porque assim, mesmo aquelas mentes mais rígidas, poderão ressignificar o medo ou a crença.

Importante também dar uma nota de 1 a 10 para o "tamanho" do medo quanto mais ele atrapalha sua vida, maior a nota que você dá a ele.

Separe um caderno e toda vez que for começar o exercício coloque a data e de uma nota para o medo. Você vai perceber que à medida que repete o exercício a nota vai diminuindo.

Como cada pessoa tem um nível de resistência diferente, pode ser que leve alguns dias para que a nota diminua, mas, não desista, esse exercício é bastante efetivo.

Mais adiante veremos outras versões dessa técnica, para que cada um escolha a que preferir, porque todas elas funcionam maravilhosamente.

Mas, se você preferir assistir a um vídeo explicativo, aponte sua câmera para o QRCODE.

Se preferir fazer os exercícios ouvindo os podcasts, acesse pelos QR CODES

## TELA MENTAL 01 - SUPERANDO O SEU MEDO

## TELA MENTAL 2 - NA CAVERNA COM O ANCIÃO

## TELA MENTAL 3 - CHAPÉU MÁGICO

# CAPÍTULO 23

## A PERCEPÇÃO DA REALIDADE

## A PERCEPÇÃO DA REALIDADE

## OBSERVAÇÃO IMPORTANTE

Um aspecto essencial que precisamos ter em mente é a percepção da nossa realidade, porque a forma como percebemos a realidade contribui para a saúde ou para a doença, para o sucesso ou para o fracasso nas nossas vidas.

Se enxergamos a vida como sendo próspera, alegre, plena de energia, vitalidade e acontecimentos gratificantes, lembrando sempre de agradecer por todas as circunstâncias vividas temos uma vantagem adicional ao fazer os exercícios.

Caso contrário, se a vemos como uma série interminável de dificuldades, frustrações e desilusões, com certeza precisamos, primeiro, mudar essa visão de mundo.

Quando focamos as coisas ruins que acontecem e acontecem mesmo a quase todos nós, de forma negativa, como um castigo ou injustiça, estamos emitindo uma energia negativa que causará um resultado também negativo.

Se enxergamos a vida como sendo positiva e lembramos de agradecer por tudo, emitiremos uma energia positiva e poderosa que nos possibilitará atrair um resultado ainda mais positivo.

A vida nos oferece oportunidades e cobra atitudes, que podem ser manifestadas por pensamentos, emoções, sentimentos e intenções, que nada mais são do que energias que emitimos para o Universo.

Portanto, só o fato de tirarmos o foco das coisas negativas e a aceitarmos como um aprendizado, algo que irá nos fortalecer e colocarmos o foco em todas as coisas positivas, por menor que elas sejam e lembrarmos de agradecer sempre, fortaleceremos a energia positiva, aumentando a frequência da nossa vibração e portanto, como já foi dito, atrairemos mais e mais coisas positivas.

O foco que colocamos no bem e no mal é que vai fazer toda a diferença, quando focamos mais o mal que o bem, quando reclamamos muito, e valorizamos todas as coisas ruins que acontecem à nossa volta, estamos criando um campo propício ao medo e ao aumento dos problemas.

Foco nos fatos desagradáveis aumentam a energia negativa e dá força de atração para mais fatos negativos, isso traz mais medo e ele cresce, com o tempo a pessoa vai se sentir à mercê dos acontecimentos e tem cada vez mais medo do enfrentamento desses fatos ou situações.

Quando permitimos que o medo cresça, ele nos paralisa, rouba nossa energia e nos põe a nocaute.

Qualquer medo que não coloque a vida em risco no momento, é uma ilusão, NÃO é uma probabilidade, é uma possibilidade que talvez nunca venha a acontecer.

A possibilidade é uma criação da mente, assim como a possibilidade de nada disso acontecer, ou ainda ao contrário, de tudo acontecer exatamente ao avesso, ou seja, dando tudo certo, tudo é possível àquele que crê.

As probabilidades costumam ser meio a meio, o que vai pesar é o preparo que temos para lidar ou enfrentar cada situação e a energia que disponibilizamos para essas coisas.

Devemos manter na mente que o foco é muito importante, quando remoemos algo negativo que aconteceu e mantemos o sentimento negativo originado daquele fato, estamos, na realidade, valorizando e cultivando uma energia negativa que vai potencializar a probabilidade de que mais coisas negativas venham a acontecer, afinal temos sempre mais do que já temos.

Ou seja, reforçando o que já dito anteriormente, quando estamos felizes, respiramos melhor, somos mais ativos, olhamos a vida com mais otimismo, estamos vibrando numa energia positiva o que atrai mais fatos positivos para a vida.

Quando estamos desanimados, depressivos, respiramos de forma mais contida, o que oxigena menos o sangue que por sua vez, leva menos oxigênio e nutrientes para o cérebro, que por sua vez envia comandos mais fracos para os diversos sistemas corporais, que, também por sua vez ficam mais debilitados.

Quando isso acontece passamos a vibrar numa frequência mais densa, mais lenta, com uma energia mais negativa, portanto, atraímos mais fatos negativos para nossa vida.

Relembrando a passagem nos evangelhos de Mateus (13:12) que diz:

"Pois a quem tem, mais se lhe dará, e terá em abundância; mas, ao que quase não tem, até o que tem lhe será tirado."

Isso serve para toda e qualquer questão.

Quem estuda, se torna a cada dia mais estudioso, aumenta seu leque de conhecimento e quando utiliza esse conhecimento na sua vida, vai se tornando um especialista na sua área, até que não precisa mais estudar, o conhecimento aplicado vai sendo potencializado com o uso e a pessoa começa a descobrir muito mais por conta própria.

O conhecimento simplesmente surge na sua mente.

A pessoa pode pesquisar que acabará por notar que esse conhecimento repentino é real e pode ser comprovado por testes e novas pesquisas.

Ao contrário, aquela pessoa que pouco estudou, não se interessa em buscar novas fontes de conhecimento, mal utiliza o que foi estudado, com o tempo esse conhecimento vai se diluindo, fica esquecido numa região da mente, e por falta de utilização acaba mesmo sendo esquecido, tão esquecido que até parece mesmo que foi perdido.

Esses exemplos podem ser infinitamente multiplicados pois vão servir para tudo, por exemplo, quanto mais você cozinha e gosta de cozinhar, cada vez mais você cozinha melhor, até que chega o momento em que não precisa mais de receitas, ao contrário você mesmo passa a criar suas receitas, que certamente serão bastante elogiadas.

Quanto mais se faz em qualquer área, mais fortes ficamos naquilo, com a energia, com os pensamentos, as emoções e os sentimentos é exatamente a mesma coisa.

Quando temos uma reação emocional a respeito de um determinado assunto, essa reação vai se fortalecendo e passa a ser a mesma para diversas situações, com uma determinada forma de pensar sobre determinados temas, é a mesma coisa, e assim por diante.

Quando nos propomos a mudar deliberadamente uma determinada emoção perante um acontecimento ou a forma de pensar a respeito de certo assunto e vamos buscar subsídios para isso (estudo, terapia, exercícios, ou, seja lá o que for necessário), no começo será difícil, mas, com perseverança, a mudança vai se instalando, até que alcançamos o resultado esperado.

# CAPÍTULO 24
## CONSCIENTIZANDO

## CONSCIENTIZANDO

Por que foi importante falar de todos os assuntos explicados até agora?

Porque é por meio do conhecimento que tomamos consciência que é possível transformar a realidade.

O que não conhecemos não existe para nós, e se não existe não podemos transformar, combater nem eliminar, torna-se um inimigo oculto, porque, apesar de não sabermos da sua existência, ele só não existe para nós, dentro da nossa visão, mas existe na realidade e pode comandar nossas vidas.

Ficamos como autômatos teleguiados por uma crença, um medo ou pela sugestão de terceiros.

Quando aprendemos como as coisas funcionam, tomamos consciência de novas possibilidades e mudamos o nosso olhar sobre o assunto.

Assim, se sabemos como os medos funcionam e como podem ser originados, nos conscientizamos que tudo tem uma causa e se ela existe pode ser ressignificada.

Mesmo que, por ventura, não consigamos descobrir a origem de um medo, já sabemos que ele teve uma origem e podemos, com a metodologia adequada, transformar a ação desses medos em nossas vidas.

O conhecimento dos processos pelos quais os medos são instalados dá ao nosso cérebro racional a condição de entender que não precisamos viver o resto de nossas vidas dominados por eles.

A mente consciente, quando bem administrada é capaz de alterar crenças, superar os medos sociais e controlar os medos naturais.

Como já vimos em capítulos anteriores, grande parte dos problemas que temos foram instalados desde a vida intrauterina até o final da adolescência, o que não impede que outros não venham a se instalar pelo resto da vida.

Em cada período da vida estamos sujeitos a novos desafios, aprendizados e superações. E, a depender do nosso nível de autoconhecimento, autoestima e autoconfiança podemos superá-los com maior ou menor grau de facilidade.

Esses problemas emocionais são conhecidos como crenças limitantes, porque nos fazem acreditar que não somos capazes, competentes ou merecedores de uma vida digna de vitórias e superações.

Passamos a ver as situações da vida como problemas, obstáculos muitas vezes insuperáveis e isso, na maioria das vezes porque nos falta fé e coragem para lidar com eles.

Essa falta de fé está alicerçada na educação que tivemos onde ouvimos falar com muita frequência, frases que nos induziram às limitações, incompetência, crença em não merecimento, procrastinação, ansiedade, baixa autoestima, ansiedade, entre tantas outras.

Vejamos algumas dessas crenças limitantes.

## AS FILHAS DO MEDO

### INSEGURANÇA

Quando uma criança é criada com muita crítica, julgamento, chamada de atenção, ela vai se tornando cada vez mais insegura com medo de fazer alguma coisa e dar errado.

**Sintomas:**

- Fala com dificuldade, com medo de não ser entendida.
- Passa a imagem de uma pessoa insegura.
- Sente medo do que o outro vai pensar e como ele vai reagir.
- Não sabe como sustentar seus argumentos, se sente incompetente para lidar com as questões que o incomodam.
- Não acredita no seu potencial e na sua capacidade de superação.

**Consequências:**

1. Perde grandes oportunidades por seu medo que traz insegurança e grande desconforto.
2. Procrastina ações importantes para seu desenvolvimento e a realização de seus sonhos.
3. Duvida de sua capacidade.
4. Supervaloriza os obstáculos.
5. Desiste com facilidade
6. O medo embota sua capacidade de raciocínio, bloqueia a atitude e acaba terminando o assunto de forma desastrosa ou insatisfatória.
7. Sente-se impotente, confuso.
8. A ansiedade toma conta do momento, o coração acelera, a respiração encurta e a mente fica confusa, a pessoa sente-se inferior, incompetente, acuada.
9. Isso diminui sua autoestima.

## BAIXA AUTOESTIMA

### Sintomas

- Não se considera respeitada pelas pessoas que lhe são importantes.
- Sente-se humilhada por causa de críticas e julgamentos.
- Não valoriza seu potencial, dons e habilidades.
- Supervaloriza a opinião alheia.
- Acredita que por mais que tente se posicionar nunca é acolhida com respeito e consideração.
- Desiste de conquistar suas metas por não acreditar que realmente é capaz.
- Sente-se vítima do destino, por acreditar que não tem merecimento para ver seus sonhos realizados.

**Consequências**

1. Por mais que tente satisfazer os desejos e necessidades alheias nunca tem o reconhecimento desejado.

2. Perde a fé nas possibilidades por repetir padrões de comportamento adquiridos desde a mais tenra infância quando não se sentia devidamente amada e acolhida.

3. Esses padrões de medos de não ser aceita, respeitada, admirada vão se reforçando na medida em que a pessoa sente novamente esses medos e sensações e isso, por sua vez vai dominando, de maneira mais contundente, sua forma de pensar, sentir e agir, mesmo que esses estímulos sejam inconscientes.

## DESRESPEITO, DESVALOR E NÃO MERECIMENTO

**Sintomas:**

- Sensação de impotência.
- Sentimento de humilhação.
- Ansiedade e perspectivas negativas frente aos enfrentamentos.
- Medo de rejeição.
- Medo de abandono.
- Medo de não ser capaz ou não ter merecimento.
- Medo de não ser aceito.
- Medo das críticas e de julgamento.

**Consequências**

1. Incapacidade de manter um diálogo isento de emoções e focado na lógica.
2. Falta de Inteligência Emocional e Social.
3. Incompetência para encontrar a raiz das suas dores emocionais.
4. Falta de fé nos seus potenciais.
5. Falta de coragem para perseverar na realização de seus objetivos.
6. Falta de coragem para enfrentar os desafios mesmo quando estes sejam projeções de sua imaginação.
7. Dificuldade para lidar com fatos concretos.
8. Falta de inspiração para buscar ajuda.

**PROCRASTINAÇÃO**

**Sintomas:**

- Preguiça.
- Adiamento.
- Medo de não dar conta.
- Medo de críticas.
- Medo de se sentir incompetente.

**Consequências**

1. Prejuízos emocionais, profissionais e/ou financeiros a depender da área em que acontece.
2. Perda de prazos e oportunidades.
3. Desavenças nos relacionamentos por promessas não cumpridas.

1. Atrito com chefes e colegas de trabalho por atrasos na entrega de trabalhos.
2. Insatisfação por parte de terceiros significativos pelo não cumprimento de compromissos assumidos.
3. Sentimento de incapacidade e incompetência.
4. Rebaixar ainda mais a autoestima.

**ANSIEDADE**
**Sintomas:**

- Expectativas negativas sobre a própria competência.
- Expectativas negativas a respeito de problemas a serem enfrentados.
- Preocupação excessiva.
- Mente improdutiva, fixada nas possíveis consequências de resultados negativos.
- Mal funcionamento de diversos sistemas corporais.
- Dificuldades de raciocínio claro e objetivo, focado nas soluções.

**Consequências**

1. Gastrite.
2. Dores de Cabeça.
3. Insônia.
4. Noites mal dormidas.
5. Cansaço.
6. Estresse.
7. Fracasso nas negociações.
8. Trabalhos mal realizados.
9. Frustração e insatisfação.

# CAPÍTULO 25

## COMO SUPERAR OS MEDOS SOCIAIS E CONTROLAR OS MEDOS NATURAIS

**COMO SUPERAR MEDOS SOCIAIS E CONTROLAR MEDOS NATURAIS.**

Descubra agora como a metodologia a seguir pode ressignificar não só os seus medos sociais como suas crenças limitantes e controlar seus medos naturais.

Seu cérebro racional já recebeu todas as informações necessárias para criar uma base de dados com embasamento e comprovação científica.

Ele já entendeu que tudo o que for repetido por muitas e muitas vezes será aceito como verdadeiro e deixará a informação passar para o subconsciente.

Tudo o que chega ao subconsciente é tido como verdade absoluta, o subconsciente não raciocina e não questiona, quem faz isso é o consciente, que a esta altura já entendeu que pode e deve colaborar construindo novas trilhas neurais.

No início pode ser cansativo e a tendência é desistir, mas aqui, só fracassa quem desiste. Aquele que se propõe a fazer os exercícios com a frequência e a perseverança necessárias sairão vitoriosos.

Algumas pessoas já conseguem superar seus medos rapidamente, outras, demoram mais, porque tudo depende do nível do medo, de quanto tempo ele é alimentado e da frequência e intenção com a qual se faz os exercícios.

Nos capítulos anteriores já foram passados alguns que agora, serão adaptados para novas possibilidades. Lembrando sempre que os exercícios aqui apresentados podem ser ajustados para quaisquer medos ou crenças limitantes.

Para isso é só prestar atenção nas palavras, no roteiro e na visualização.

Algumas pessoas dizem que não são capazes de imaginar uma cena, isso também é uma crença limitante, porque na realidade se eu disser a ela ou a você: "Não pense num elefante!" A primeira imagem que vem à sua cabeça é a de um elefante.

Portanto, todos somos capazes de imaginar uma cena e quanto mais exagerada, colorida, perfumada, divertida ela for, mais rapidamente o medo ou a crença é superada.

## TÉCNICAS A SEREM EXERCITADAS

#01

- Encontre um lugar calmo e tranquilo onde você possa ficar sozinho, em silêncio, de preferência a meia luz ou preferencialmente no escuro. Se preferir pode colocar uma música instrumental para meditação.

- Sente-se confortavelmente inspire e expire lenta e profundamente por alguns instantes enquanto se acomoda e relaxa toda a musculatura, começando pelos ombros, o pescoço, depois os braços, o tronco e as pernas.

- Quando se sentir relaxado leve sua atenção para a sua respiração e sinta sua mente relaxar.

- Coloque seu foco no modo como respira e diga mentalmente, inspiro paz e luz e expiro serenidade.

- Repita isso algumas vezes...

- Escolha um fato marcante que você queira ressignificar ou superar e lembre-se do momento da frustração, quando não obteve o resultado pretendido.

- Imagine que você está no cinema assistindo ao filme da sua vida, você é o expectador que está na plateia, mas, ao mesmo tempo, você também é o roteirista, o diretor e o ator principal desse filme.

- No momento em que você vê a cena que trouxe a sensação negativa, congele a imagem. Observe o que está na cena, perceba como você se sentiu, quem estava com você, o que foi que você ouviu?

- Agora, vá desbotando essa imagem até que você a veja em preto e branco. Quando a cena estiver congelada em preto e branco, imagine que essa cena começa a encolher, ela vai diminuindo... diminuindo, enquanto você sente que vai crescendo vai amadurecendo, vai se percebendo não mais como aquela criança que ainda não tinha capacidade de discernimento e que não sabia como lidar com as situações.

▸ Você percebe que é um adolescente e que vai se tornando um jovem... você está amadurecendo e crescendo até chegar na vida adulta.

▸ Agora já adulto, maduro, experiente, sente-se crescendo até se tornar praticamente um gigante, olha para a cena que ficou minúscula e desbotada, da plateia onde você está, estende seu braço e pega aquela pequena tela encolhida aperta-a na sua mão e destrói a cena.

▸ Abre a mão e vê centenas de migalhas da imagem que já não pode ser identificada. Agora, como gigante que você é, assopra essas migalhas com tal força que elas se espalham pelo infinito, jamais podendo ser reconstruída.

▸ Nesse momento, após ter assoprado as migalhas, olhe novamente para a tela do cinema que agora está vazia e recrie a cena exatamente da forma como você gostaria que tivesse acontecido.

▸ Crie os resultados mais extraordinários que você possa imaginar. Veja o resultado exatamente como você gostaria que tivesse sido. Visualize os detalhes, perceba as cores, ouça os elogios, sinta a sensação de poder, alegria e satisfação.

▸ Quando a cena estiver pronta, congele. Destaque a cena da tela do cinema e coloque uma linda moldura dourada.

▶ Feito isso imagine que dentro da sua mente tem um arquivo de memórias que é formada por diversas gavetas com pastas suspensas, escolha uma delas, recolha uma pasta vazia e deposite nela a sua imagem emoldurada. Feche a pasta, a gaveta e diga para você mesmo: Está feito!

▶ Sinta-se completamente feliz e realizado, parabenize a si mesmo pelo trabalho realizado.

▶ Aos poucos comece a espreguiçar e sentir o ambiente ao seu redor, abra os olhos e retome suas atividades diárias com sensação de bem-estar e realização.

Repita esse exercício quantas vezes forem necessárias, você vai perceber que a cada vez vai ficando mais difícil se lembrar da cena com detalhes, isso porque ela está sendo ressignificada.

A depender do assunto uma ou duas vezes já são suficientes para que você sinta que o problema foi superado, outros, precisarão que a repetição aconteça por um número maior de vezes.

Assim que perceber que ressignificou um problema, dificuldade, bloqueio ou medo, escolha outro a ser trabalhado e dessa maneira você vai desbloqueando todos os entraves que têm prejudicado sua vida.

# 02

Pegue uma folha de papel em branco e divida ao meio no sentido vertical.

Do lado esquerdo faça uma lista de todos os seus defeitos reais ou imaginários, não esqueça daqueles que você ouvia quando criança, do tipo, você não presta para nada, você é burro, você não é capaz, etc....

Do lado direito faça uma lista de seus dons, qualidades, habilidades, as que você reconhece e aquelas que as pessoas comentam que você tem ou é.

Feito isso, analise seus defeitos, os que você ouvia quando criança e os que você acha que tem.
Pergunte a si mesmo: esse defeito existe realmente ou foi absorvido por mim quando era criança e não tinha capacidade de discernimento?

Esse defeito é real ou é um reflexo da pessoa que dizia que era meu?

Esse defeito é real e verdadeiro ou era a forma como a pessoa me via?

Quando somos crianças acreditamos completamente no que nos é dito por nossos terceiros significativos, ou seja, pai, mãe, avós, professores, pessoas das quais gostamos ou dependemos.

Muitas vezes aqueles que nos criticaram não tinham intenção de nos causar nenhum mal, criticavam porque acreditavam que estavam nos motivando para sermos melhores.

Cada um dá o que tem e eles tinham a expectativa de fazer o que seria o melhor para nossa educação. Não tinham ideia do mal que estavam nos causando.

Faça então um levantamento do comportamento daqueles que criticaram você, julgaram, intimidaram e observe... você agora é uma pessoa adulta, sua capacidade de análise e discernimento já está totalmente desenvolvida, pois isso só acontece por volta dos 24, 25 anos de idade.

Com discernimento e isenção emocional, analise tudo o que foi dito e repetido e cristalizou padrões de crenças limitantes na sua mente e isso tem conduzido sua forma de pensar sentir e agir até agora.

Feito isso, comece a analisar seus dons, qualidades e aptidões. Reconheça cada um deles, observe o quanto de potencial realizador você tem ao seu dispor. Perceba o quanto você é capaz e competente para ter uma vida próspera e feliz.

Até agora você não tinha se dado conta de maneira efetiva de todo o seu potencial e de quanto suas crenças limitantes estiveram te bloqueando, frustrando e impedindo de colocar em uso todos seus dons e potencializar seus resultados.

**# 03**

Escreva uma frase de poder que deve ter um verbo de ação, estar no tempo presente e ser positiva.

Nunca use a palavra NÃO e também não diga o que você não quer, como não quero mais ser assim, de hoje em diante não farei mais tal coisa...

Um exemplo de frase positiva para ser usada como um mantra de autoestima:

"Minha querida alma eu escolho ser feliz e realizada nutrindo minha autoestima com amor e gratidão."

ou

"Meu querido espírito, a minha consciência escolhe alimentar minha autoestima com reconhecimento do meu potencial, acolhimento e gratidão."

Você pode usar um dos exemplos ou construir sua própria frase de poder.

Escolhida a frase você deverá usá-la da seguinte forma:

Todos os dias ao acordar, ir em frente a um espelho e olhando diretamente no reflexo dos seus olhos, falar a frase em voz alta procurando sentir cada palavra com amor e gratidão.

Repetir esse procedimento na hora do almoço e antes de dormir.

Durante o dia mantenha a frase num lugar de fácil acesso para poder repeti-la o máximo de vezes que for possível, essas repetições podem ser feitas em voz alta ou somente em pensamento, mas buscando sempre sentir o amor e a gratidão ao repeti-la.

No começo do processo isso pode soar como falso, mas, à medida que se repete o subconsciente vai aceitar isso como uma verdade inquestionável.

A repetição constrói caminhos cerebrais e permite a mensagem ser absorvida pelo inconsciente. Quando isso acontece cria-se um novo padrão de comportamento, uma nova crença foi instalada e automatizada.

Quando menos perceber você estará se comportando exatamente como treinou sua mente para acreditar.

A repetição deve seguir sendo feita até que aquele padrão esteja totalmente integrado no comportamento.

Esse exercício pode ser usado para muitas finalidades, deixe a sua intuição mostrar sua utilidade nas mais diversas áreas de atuação.

**#04**

- Inspirar e expirar lenta e profundamente por 7 vezes.

Inspirar levando o ar primeiro para o abdome, sinta-o inflar e só então levar o ar para os pulmões segurar a respiração, conte até 3 e expire pela boca também lentamente, expire como se estivesse assoprando uma vela.

▶ Depois de respirar dessa forma, respire normalmente com sua atenção voltada para a respiração. Sinta o ar entrando pelas narinas, enquanto relaxa todo o seu corpo.

▶ Comece relaxando a sua mente, isso acontece quando você coloca todo o seu foco no ato de respirar.

▶ Em seguida mentalize que o ar que você inspira é uma nuvem branca, sinta essa nuvem preencher a sua mente, e dali se espalhar por todo o seu corpo, imagine essa nuvem branca preenchendo cada órgão, cada membro, cada víscera do corpo.

Enquanto essa nuvem branca caminha por todos as partes do corpo ela age como um aspirador e aspira para si, cada dor, cada sentimento negativo, cada dificuldade.

Enquanto ela absorve toda essa dor e negatividade, sua cor vai ficando turva, ela vai escurecendo. Quando você expirar essa nuvem cinzenta todo seu corpo vai ficando mais limpo e mais leve.

Repita esse processo por alguns minutos, até que sinta que sua mente está completamente serena e seu corpo leve e energizado.

Quando esse momento acontecer, pense com isenção emocional num assunto que costuma trazer ansiedade.

É muito importante que você isole a sua mente do seu emocional. Pense nisso como se não fosse um problema seu. Simplesmente não se envolva com o problema, só observe.

Quando conseguir chegar nesse ponto, pense exatamente como você quer se sentir e então construa um mantra pessoal, que nada mais é do que uma frase de poder como explicado na tarefa 01 do tópico BAIXA AUTOESTIMA.

Um exemplo de frase de poder para neutralizar a ansiedade é:

"Minha querida alma eu escolho manter a serenidade, alimentar a fé e a coragem, eu creio em mim (na vida, no Universo, em Deus.... Você escolhe)"

**ou**

"Meu querido espírito, a minha consciência escolhe alimentar a serenidade, a paciência e a fé na minha vida."

Repita o exercício com a frequência necessária para incorporar essa nova realidade no seu subconsciente, para algumas pessoas isso pode levar 90 dias, desde que feito ao menos 3 vezes ao dia, logo ao levantar, na hora do almoço e antes de dormir.

# CAPÍTULO 26
## AFORMAÇÕES

## AFORMAÇÕES

Essa é uma técnica desenvolvida por Noah St John, em seu livro chamado o "Código Secreto do Sucesso»

O que são Aformações?

A mente se movimenta por meio de perguntas, mesmo que não tenhamos muita consciência delas.

Aformações são perguntas leves, animadas, motivadoras e abrem as portas para novas possibilidades.

As aformações nos permitem expressar algo que nos importa, mas que não conseguimos verbalizar.

É no sistema límbico que moram nossas crenças, medos, ansiedades, desejos, emoções. É ele que tem o poder de ação, ele que inspira o consciente a tomar algumas atitudes.

Na verdade, é nele que está o verdadeiro poder de atração, sua energia é mais rápida e poderosa do que a mente racional.

A mente racional pensa, mas é no subconsciente, sistema límbico ou emocional que vivem as emoções e estas são mais poderosas do que o pensamento.

Toda emoção leva a um determinado pensamento e vice-versa, essa combinação pensamento-sentimento ou emoção-pensamento forma um campo de energia onde o pensamento é condutor de energia e a emoção ou sentimento é um campo magnético.

Esse campo eletromagnético viaja pelo espaço em forma frequência de ondas, como as ondas de rádio.

Quando fazemos perguntas a mente subconsciente emite uma energia que vai buscar as condições para que aquela pergunta seja respondida, Importante saber que ela vai atrair respostas que vibrem na mesma frequência que ela está vibrando.

Dessa forma, se a pergunta é feita de maneira a despertar uma emoção ou sentimento negativo de medo, ansiedade, angústia, etc. a resposta será negativa, na mesma frequência da pergunta.

Isso vai despertar uma emoção negativa, compatível com o pensamento e esse campo de energia formado pelo pensamento-sentimento, será conduzido pelo universo, por meio do pensamento (lembrando que pensamento é condutor de energia) e atrairá condições compatíveis com as emoções que foram despertadas (lembrando que as emoções são campos magnéticos).

Portanto, quando fazemos uma pergunta que começa com COMO, imediatamente podemos sentir emoções de insegurança, medo, ansiedade e angústia, entre outras.

No caso da pergunta se referir a um assunto do qual não temos certeza do resultado ou cujo assunto não dominamos, provavelmente liberaremos sentimento de medo, ansiedade, etc.

Quando no lugar do COMO usamos o POR QUE acompanhada de uma expectativa positiva, a pergunta fica mais leve e o sentimento que a acompanha é positivo, alegre, esperançoso.

Desse modo, a frequência emanada será positiva, e atrairá uma energia de equivalente, ou seja, positiva, possibilitando então que tenhamos resultados muito mais positivos.

Assim, atraímos novas possibilidades e trazemos leveza para a vida, nos tornamos muito mais positivos, isso, por sua vez melhora a autoestima, e a autoconfiança.

Para criarmos uma AFORMAÇÃO criamos uma frase de poder e a transformamos numa pergunta que começa com "Por que".

Dessa forma, permitimos ao subconsciente que sinta emoções poderosas e positivas e possa atrair situações compatíveis com essa realidade.

Quando perguntamos COMO temos a impressão que tudo depende de nós.

Quando perguntamos POR QUE temos a sensação de que estamos sempre fazendo o nosso melhor e o que não temos condições de fazer, entregamos para Deus para que ele faça Sua parte, porque afinal, somos cocriadores da nossa realidade.

Uma parte das realizações são responsabilidades nossas, outra parte é desígnio divino.

Essas Aformações trazem abertura de consciência para novas possibilidades, portanto não buscamos as respostas, simplesmente fazemos a pergunta e deixamos a resposta nas mãos de Deus, do Universo, ou da Vida, segundo seu entendimento.

Para que a Aformação seja eficaz fazemos algumas perguntas:

1. O que eu verdadeiramente quero?
2. O que é que me faria muito feliz em relação a esse assunto?
3. Do que eu sinto falta? O que me limita? O que me dá medo?
4. O que eu deveria fazer e não faço?

Anoto todas as minhas respostas e as minhas sensações sobre o assunto.

Depois, faço uma pergunta de forma diferente imaginando que eu já tenho o que eu quero, os meus medos já estão superados e faço sempre o meu melhor.

Feito isso, escrevo uma frase de poder que começa com Por que, uso verbo no tempo presente e escrevo o meu desejo já realizado. Usando sempre formas afirmativas.

**NÃO TENTE ENCONTRAR AS RESPOSTAS.**

Deixe sua mente processar a pergunta.

Muitas vezes pode acontecer que sua mente racional não aceite aquilo como algo verdadeiro e nesse caso, não permitirá que essa pergunta chegue até o subconsciente. Nesse caso o melhor é adequar a pergunta de maneira que a mente consciente aceite como uma possibilidade viável.

Depois é com a repetição que a informação chegará até o subconsciente de forma automatizada.

Usamos sempre o que queremos para construir a frase e buscamos a facilidade nessa construção, dessa maneira agregamos força, valor e facilidade na mesma pergunta.

Podemos usar a frase de poder da técnica 03 e transformá-la numa Aformação: "Por que é tão fácil alimentar a serenidade, a paciência e a fé na minha vida?"

# CAPÍTULO 27
## EFT OU TFT

## EFT OU TFT

TFT é uma terapia de liberação de energias cristalizadas que criaram certos bloqueios energéticos e com isso liberar traumas, medos e outros problemas emocionais.

Criada pelo Dr. Roger Callahan, um psicólogo clínico, o TFT - Thought Field Therapy traduzido significa Terapia do Campo do Pensamento.

Existem variações criadas por outros terapeutas entre elas as mais conhecidas são o EFT - Emotional Freedom Techniques ou, em português, Técnica de Liberação Emocional, criada pelo americano Gary Craig.

Gary é um Engenheiro formado em Stanford, mas, muito interessado em desenvolvimento pessoal que em 1991 fez o curso de formação em TFT com seu criador, Dr. Roger Callahan.

Apaixonou-se pela técnica e dedicou 5 anos para simplificar a metodologia para que pudesse ser utilizada por um maior número de pessoas e deu o nome de EFT (Emotional Freedom Technique - Técnica de Liberação Emocional) a esta vertente simplificada do TFT (Thought Field Therapy - Terapia do Campo do Pensamento).

Na realidade as duas têm a mesma função e técnicas bem parecidas, uma vez que ambas são utilizadas por meio de pequenas batidinhas em certos pontos do corpo.

A técnica partiu dos pontos da acupuntura chinesa e dos meridianos. Mas, em vez de usar agulhas nos pontos são dadas pequenas batidinhas para liberar a tensão e a congestão energética desse ponto.

Quando a energia é liberada, também são liberadas as tensões, os medos, ou as dores emocionais que estavam alojadas nesses pontos.

Dessa forma ele percebeu que dependendo do problema a ser tratado haviam alguns pontos que eram mais adequados do que outros, assim, começou a sistematizar um método que pudesse se adaptar a praticamente todas as situações emocionais.

Como os problemas físicos estão interligados aos problemas emocionais, muitas vezes ao liberar uma dor emocional, um problema físico também desaparece.

Dessa maneira a técnica foi se tornando cada vez mais efetiva e os resultados foram sendo divulgados, o que acabou por espalhar essa metodologia mundo afora.

Para cada problema uma determinada sequência de pontos são acionados com os tapinhas ou tapping como também é conhecido.

Como o trabalho aqui é direcionado para a liberação dos medos, vamos seguir apenas uma sequência enquanto mentalizamos o medo que deve ser trabalhado.

A técnica nada mais é do que dar batidinhas leves com as pontas dos dedos nos pontos indicados.

Essas batidinhas devem ser leves, mas, não tão leves que fiquem imperceptíveis, nem tão fortes para não machucar, o toque deve ter a energia suficiente para ser sentido.

Um dos pontos fica localizado no "canal" que fica entre o dedinho e o dedo anelar, passando os dedos nesse "canal" que fica na parte de cima da mão podemos sentir um suco, algo mais fundo do que a superfície da mão. Ali é o ponto onde devemos dar as batidinhas.

Esse ponto é chamado Gama 9 e é um ponto diferenciado porque ali ficamos dando as batidinhas por 15 a 20 segundos e para que ele surta efeito mais rápido e profundo se cantarolarmos alguma coisa, o resultado é melhor.

Parece meio doido cantarolar enquanto damos batidinhas nas costas da mão nesse ponto, mas, é assim que funciona.

É de praxe que os terapeutas costumem cantarolar o "parabéns a você" não só por ser muito conhecida por todos, mas também por suas notas musicais que ajudam no processo.

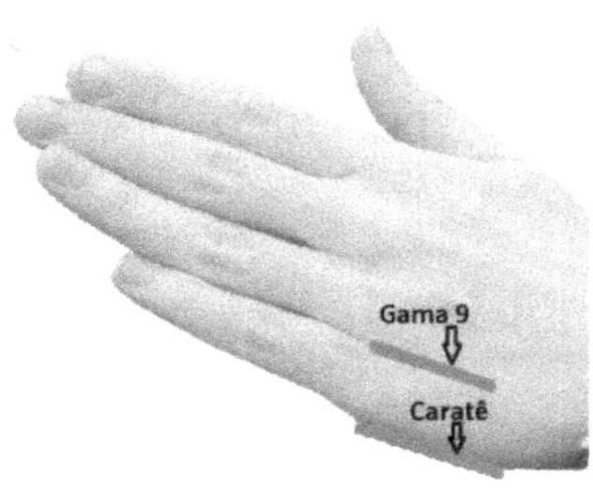


Qualquer trabalho de tapping costuma iniciar pelo ponto do Caratê que é a lateral da mão que fica logo antes do dedo mindinho.

Na figura ao lado podemos ver esses dois pontos: Gama 9 e Caratê.

Para que o trabalho seja mais efetivo costuma-se começar o processo dando batidinhas no ponto do caratê por alguns segundos enquanto falamos de preferência em voz alta, mas caso isso não seja possível, mentalizamos frases de poder para preparar o cérebro para absorver melhor a informação.

Geralmente uma frase bastante utilizada é: "Apesar de (falar o medo que quer neutralizar, por exemplo: apesar de ter medo de barata) eu me amo, me aceito, eu me admiro e me respeito profunda e completamente.

Repetir a frase por três vezes enquanto continua dando os tapinhas na região do caratê.

Em seguida você vai para o segundo ponto que fica entre o nariz e o lábio superior. Dar 3 batidinhas enquanto repete a frase.

O quarto ponto fica na lateral do tronco na altura dos seios, repete as batidinhas e a frase.

O quinto ponto no osso que fica abaixo da região dos olhos, repete o processo.

O sexto e último ponto é o gama 9 onde deverá proceder do seguinte modo, ficar batendo por 15 ou 20 segundos enquanto cantarola alguma música e em seguida contar de um a sete.

Parece muito estranho, mas, funciona!

Na imagem abaixo podemos ver em destaque todos os pontos.

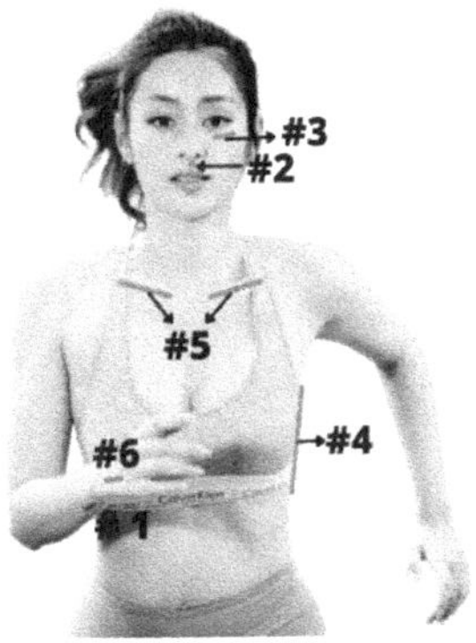


Deve-se repetir esse procedimento por quantas vezes sentir necessário.

Algumas pessoas podem sentir sensações desagradáveis enquanto fazem o exercício, justamente por estarem nesse momento descongestionando determinadas áreas do corpo e da mente subconsciente.

Outras, podem começar a bocejar, espirrar, lacrimejar... são todos efeitos da liberação da energia que estava bloqueada.

É importante não interromper, a menos que o mal estar seja mais forte, nesse caso, é melhor dar um tempo e recomeçar mais tarde.

O exercício deve ser repetido até que o medo desapareça, lembrando que esse exercício é válido para os medos sociais.

Se você preferir assistir o vídeo com a explicação e o exercício, acesse pelo QR CODE

# CAPÍTULO 28
## MEDITAÇÃO

## MEDITAÇÃO

A meditação é indicada para a melhoria da qualidade de vida, pode ser usada para ressignificar crenças limitantes e consiste em escolher um local tranquilo para que possa ficar a sós durante o tempo em que for meditar.

Pode ser realizada a qualquer hora, mas, o ideal é que seja feita logo cedo ao acordar, porque a mente está descansada e ainda não entrou no ritmo diário, ou à noite antes de deitar, porque o sono ajuda a fixar as imagens e as mentalizações feitas durante o exercício.

Se gostar pode colocar uma música suave, só instrumental e num volume audível, mas não muito alto para não tirar o foco do exercício.

Ficar sentado numa cadeira ou almofada, a posição pode ser a que lhe parecer mais confortável e relaxado, mas com a coluna ereta. Não faça o exercício deitado pois provavelmente vai pegar no sono.

Respire lenta e profundamente, inspire pelo nariz e expire pela boca. Sinta o ar entrar primeiro no abdômen, perceba a barriga inflando... se conseguir segure o ar por alguns segundos antes de expirar.

Repita o processo por 6 ou 7 vezes enquanto sente os ombros relaxarem, depois os braços, o tronco, as pernas, os pés, a cabeça, sinta-se totalmente relaxado.

Continue respirando lenta e profundamente, agora de uma forma natural.

Quando estiver totalmente relaxado concentre sua mente em algo positivo que queira ter, ser ou realizar e visualize a cena de como você deseja a sua meta realizada.

Mentalize, visualize, imagina, ouça palavras e frases de poder, de conquista, parabenize-se pela conquista.

A mente não sabe a diferença do que é real e o que é imaginário, nem conhece passado nem futuro, para a mente tudo é aqui e agora, tudo já é, tudo já existe.

Permaneça por alguns momentos imaginando e sentindo, o sentir é magnético é ele que atrai as condições necessárias para que as coisas se realizem.

Sinta como se já tivesse conseguido. Sinta como se sentirá quando tiver conseguido.

Agradeça como se já tivesse conseguido.

Repita o processo quantas vezes forem necessárias até que sua meta seja alcançada e seu objetivo seja realizado.

Se você preferir assistir o vídeo onde explico como fazer, acesse pelo QRCODE

Para fazer a meditação dirigida, use o QRCODE para se conectar

Meditação dirigida 1:
**MANIFESTAÇÃO DO AMOR E DA HARMONIA**

Meditação dirigida 2

## TRANQUILIDADE E CONEXÃO COM O EU SUPERIOR

# CAPÍTULO 29
## MANTRAS

## MANTRAS

Mantras são palavras ou frases de poder.

A PNL - Programação Neurolinguística, tem por finalidade programar o cérebro e o subconsciente para o que se deseja por meio das palavras.

Já foi dito em capítulos anteriores que tudo o que for repetido com muita frequência e por um determinado período é recebido pelo subconsciente como uma verdade inquestionável.

Geralmente usa-se repetir uma palavra ou uma frase por um determinado número de vezes por um período mínimo de 21 dias corridos.

Muitas filosofias usam um japamala que nada mais é do que um colar de 108 contas, isso ajuda a repetir sem precisar ficar contando o número de vezes.

O número 12 também é bastante usado e o número 55 idem.

Repetir o mantra 55 vezes ao dia por um período de 55 dias costuma trazer grandes resultados.

Você pode escrever o seu próprio mantra, uma frase de poder, usando um verbo de ação no tempo presente e sempre no positivo.

Nunca usar a palavra não na frase, não diga o que você não quer, diga sempre o que quer e como já tivesse alcançado.

Enquanto repetir o mantra imagine seu desejo realizado e sinta isso, porque o sentir é ainda mais poderoso do que o falar.

A seguir passo 20 mantras para que você escolha aquele ou aqueles que mais gostar para fazer o seu exercício.

Lembrando que se você criar o seu próprio mantra, evitar uma frase muito longa porque ficará muito difícil de repetir muitas vezes.

1- Tudo posso naquele que me fortalece.

2 - Meu Deus é meu guia e proteção.

3 - Nada temo e nada há para temer pois vivo nas mãos do meu Criador.

4 - Eu sou a ressurreição e a vida da minha Centelha Divina.

5 - Escolho mudar a minha frequência, o meu pensamento e os meus sentimentos agora.

6 - Quem manda em mim sou eu, decido agora mudar minha energia.

7 - Eu administro meus pensamentos e meus sentimentos, escolho agora pensar em algo positivo.

8 - Medo é só uma ilusão.

9 - Medo é ilusão. Por que é tão fácil escolher outro pensamento?

10 - Concentro minha força e meu poder e escolho mudar meu foco agora.

11 - Eu sei, eu posso, eu confio. Eu escolho ficar bem agora.

12 - Transformo agora a frequência do medo em Luz.

13 - Estou consciente do meu poder de escolhas e escolho agora, pensar em algo muito positivo.

14 - Neste momento eu me abro completamente para que a Perfeição Divina flua para mim e através de mim.

15 - Meu corpo e minha mente atendem aos meus comandos. Determino a paz em mim. Eu me sinto segura e tranquila agora.

16 - Neste momento sinto completo equilíbrio do meu Ser. Sinto as forças divinas fluírem para mim e através de mim.

17 - (respirando lenta e profundamente) Eu inspiro paz e estou em completo alinhamento com meu Eu Superior.

8 - Eu decreto que a paz e a saúde física, mental e espiritual manifestem-se agora em cada célula do meu corpo e em cada átomo do meu ser.

19 - Tudo o que eu preciso chega até a mim com rapidez, alegria e glória. Paz.

20 - Eu me liberto de todo medo, angústia e ansiedade, entrego minha vida a Deus e aceito com amor e gratidão o que for da Sua vontade.

Caso queira assistir o vídeo com a explicação, acesse o QR CODE

Com este exercício completo esta missão de levar o conhecimento e a conscientização de que é possível superarmos os medos sociais e controlarmos os medos naturais e com isso aumentarmos nossa autoconfiança.

Uma pessoa autoconfiante tem naturalmente uma autoestima mais elevada e autorresponsabilidade que a mantém afastada do pessimismo e do vitimismo.

A autoconfiança empodera a capacidade de ação, elimina a procrastinação e torna a pessoa proativa, muito mais produtiva e feliz.

Pensa nisso!!!

# LOURDES GANZELI

Gratidão por ter me acompanhado nesta leitura e coloco-me à disposição para qualquer necessidade.

Atuar como mentora em desenvolvimento pessoal e inteligência emocional é uma missão que realizo com alegria e muita satisfação.

Minha paixão por compartilhar conhecimento e experiências me motiva a montar cursos e fazer treinamentos, além de palestras nas áreas que me fascinam, ou seja, desenvolvimento, produtividade, autoconhecimento, autoestima, autorresponsabilidade, inteligência emocional e comportamento.

Estou a disposição para maiores informações e agradeço por sua atenção.

Seguem meus contatos:

WhatsApp; 55 (15) 98149-3870

Instagram: lourdesganzeli

YouTube: Lourdes Ganzeli

Linkedin: Lourdes Ganzeli

Antes da edição deste livro este mesmo material foi disponibilizado como treinamento, se quiser ver alguns depoimentos, acesse os QRCodes com a câmera do seu smartphone.

## BIBLIOGRAFIA

ACKER, Mike; Speak With No Fear: Go from a nervous, nauseated, and sweaty speaker to an excited, energized, and passionate presenter - Publisher: ?Advance, Coaching & Consulting; Illustrated edition. 2019.

BAUMAN, Zygmund; Liquid Fear; Publisher: Polity Press; 2006

BECKER, Gavin. The Gift of Fear: And Other Survival Signals That Protect Us from Violence; Publisher: Dell; Reprint edition.1998

BERNSTEIN, Gabrielle; The Universe Has Your Back: Transform Fear to Faith - Publisher: Hay House - 2016

BROWN, Brené; Daring Greatly: How the Courage to Be Vulnerable Transforms the Way We Live, Love, Parent, and Lead - Publisher: Avery; 2015

CAPRA, Fritjof ; O Tao da Física, Editora Cultrix, 1983

CARNEGIE, Dale, How to Stop Worrying and Start Living - Publisher: Pocket Books; 1990.

CHAN, Young Kang; Fearless passion: find the courage to do what you love - Publisher: Yong Kang Chan. 2014

CHIN, Kelvin H.;Overcoming the Fear of Death: Through Each of the 4 Main Belief Systems - Publisher: Aurelian Press LLC. 2016

CICERI, Maria Rita, Defesa Instintivo, Editora Loyola, 2004

DALKE, Rudiger; DETHLEFSEN, Thorwald; A Doença Como Caminho: Uma Visão Nova da Cura Como Ponto de Mutação em que Um Mal se Deixa Transformar em Bem - Editora Cultrix; 1992

DOOCHIN, Lawence; A Book On Fear: Feeling Safe In A Challenging World - ?One-Hearted Publishing; 2020

FRANCIS, Richard, Epigenética: Como a ciência está revolucionando o que sabemos sobre hereditariedade - Editora Zahar; 2015

FREUD, Sigmund; Inhibitions, Symptoms and Anxiety - Publisher: Martino Fine Books, 2013

GASPARETTO, Luiz A., VALCAPELLI, Metafísica da Saúde, Volumes 1, 2, 3, 4 e 5, Editora Vida e Consciência.

GOSWAMI, Amit; O médico quântico, Editora Cultrix, 2004

GOSWAMI, Amit; A física da alma, Editora Aleph, 2009
HANH, Tich Nhat; Fear: Essential Wisdom for Getting Through the Storm. Publisher: ? HarperOne; 2014

HAY, Louise L.; Você pode curar sua vida, Editora Best Seller, 1984

HAY, Louise L.; Cure seu corpo, Editora Best Seller, 2009

HAY, Louise L.; Overcoming Fears: Creating Safety for You and Your World - Audible Audiobook - Original recording - Author, Narrator: Louise L. Hay, Publisher: Hay House

HENDRICKS, Gay, The Big Leap: Conquer Your Hidden Fear and Take Life to the Next Level - Publisher: ?HarperOne; 2010.

HUBER, Cheri; The Fear Book: Facing Fear Once and for All - Publisher: ?Keep It Simple Books; 2016

JACOBS, Denise; Banish Your Inner Critic: Silence the Voice of Self-Doubt to Unleash Your Creativity and Do Your Best Work (a Gift for Artists to Combat Self-Doubt and Listen to Their Inner Voice) Publisher: ?Mango. 2017

JEFFERS, Susan; Feel the Fear . . . and Do It Anyway: Dynamic Techniques for Turning Fear, Indecision, and Anger Into Power, Action, and Love - Publisher: ?Ballantine Books; 2006

JIANG, Jia; Rejection Proof: How I Beat Fear and Became Invincible Through 100 Days of Rejection - Publisher: ?Harmony. 2015

KRISHNAMURTI, Jiddu; On Fear - ?Publisher: HarperOne; 1994

LEAHT, Robert L.; Anxiety Free: Unravel Your Fears Before They Unravel - Publisher: Hay House, 2010

LINCON, Caesar; Overcoming Fear: The Ultimate Cure Guide For How To Overcome Fear Forever - Createspace Independent Publishing Platform. 2013

LUCADO, Max, Fearless: Imagine Your Life Without Fear - Publisher:

Thomas Nelson on Brilliance Audio; Library ed. 2014

MARINO Jr, Raul, Fisiologia das Emoções, Editora Sarvier, 1975

MATSUMOTO, Jorge; O Medo - Lutar ou Fugir? As Muitas Estratégias de um Mecanismo de Medo - O Porão da Agonia e da Solidão, Editora Átomo,
2009

MURPHY, Joseph; The Power of Your Subconscious Mind; Martino Publishing. 2011.OSHO, Courage: The Joy of Living Dangerously - ?Publisher: St. Martin's Griffin; 1999

PEARSALL, Paul, Memórias das Células; Editora Mercuryo, 2004

PERT, Candace B.; Molecules of Emotion: Why You Feel the Way You Feel - Publisher: ?Scribner Book Company - 1999

PRESSFIELD, Seteven; The War of Art: Break Through the Blocks and Win Your Inner Creative Battles - Publisher: Black Irish Entertainment LLC. 2012

PITTMAN, Catherine M.; Rewire Your Anxious Brain: How to Use the Neuroscience of Fear to End Anxiety, Panic, and Worry - ?Publisher: New Harbinger Publications; 2015

RANKIN, Lissa; The Fear Cure: Cultivating Courage as Medicine for the Body, Mind, and Soul - Publisher: Hay House; Reprint edição. 2016

SOUKUP, Ruth; Do It Scared: Finding the Courage to Face Your Fears, Overcome Adversity, and Create a Life You Love - ?Publisher: Zondervan. 2019

ST JOHN, Noah; Código Secreto do Sucesso - Editora BestSeller - 2012

SILVA, Dr. Marco Aurélio Dias da, Quem ama não adoece, Editora Best
Seller, 1994

TOLLE, Eckart; O poder do agora, Editora Sextante, 2002
TUAN, Fu; Landscapes of fear - Publisher: Pantheon Books; 1979

WINTER, Arthur & Ruti, Como desenvolver o poder da Mente, Editora Círculo do Livro, 1986

www.ingramcontent.com/pod-product-compliance
Lightning Source LLC
LaVergne TN
LVHW050849051026
849532LV00006BA/2168